GOD@ WORK

VOLUME 2

RICH MARSHALL

with Ken Walker

GOD @ WORK VOLUME 2

Copyrights©2005-by Rich Marshall

All rights reserved

Originally Published by Destiny Image® Publishers, Inc.

Korean translation Copyright©2007 by

Seorosarang Publishing

왕의 사역 2

리치 마샬 / 켄 워커 공저
이은영 옮김

서로사랑

왕의 사역2

1판 1쇄 발행 _2007년 7월 16일
1판 3쇄 발행 _2010년 4월 12일

지은이 _리치 마샬 & 켄 워커
옮긴이 _이은영

펴낸이 _이상준
펴낸곳 _서로사랑(알파코리아 출판 사역기관)

편집 _이소연, 박미선
영업 _장완철
이메일 _publication@alphakorea.org

사역/행정 _이정자, 윤종화, 주민순, 권주희, 엄지일
이메일 _sarang@alphakorea.org

등록번호 _제21-657-1
등록일자 _1994년 10월 31일

주소 _서울시 서초구 방배1동 918-3 완원빌딩 1층
전화 _(02)586-9211~4 팩스 _(02)586-9215
홈페이지 _www.alphakorea.org

감사의 글

나를 위해 기도를 쉬지 않는 아내 윌마(Wilma)와
그의 기술로 나를 이끌어 준 켄 워커(Ken Walker),
나를 신뢰하고 이 중요한 내용을 믿어 준 ROI 팀에게
감사를 드립니다.

차례

Chapter 1
From Principles to Practice

1장

원리에서 실천으로

*"그러므로 우리가 그리스도 도의 초보를 버리고 죽은 행실을
회개함과 하나님께 대한 신앙과"*(히 6:1).

　9월의 선선한 저녁, 아내 윌마와 나는 우리 친구 키핀(Kyffin)과 로버타 심슨(Roberta Simpson) 부부와 함께 노동절 주말을 편안히 쉬면서 보내려고 카리브 해의 바베이도스 섬으로 날아가고 있었다. 우리 여행에는 업무와 연관된 일이 하나 기다리고 있었다. 토요일 아침에 나는 그 지역 사업 지도자들을 위한 세미나를 주재할 예정이었다.

　금요일 오후에 키핀과 그의 아들 데이비드(David)와 나는 그림 같이 멋진 해변에서 보드 없이 파도타기를 하고 있었다. 허리케인 '이반'에 대해 몇 마디 얘기를 나누기는 했지만, 우리는 누구도 폭풍이 다가오는 것에 별로 신경 쓰지 않았다. 이 폭풍은 곧 6주 이상 카리브 해와 미국 본토를 휩쓴 4대 태풍 가운데 3위를 차

지하는 기록을 남겼다. 하지만 이날 바베이도스에서 허리케인이 다가온다는 소식은 별로 들리지 않았다. 그것은 특히 이 섬이 연중 허리케인이 지나가는 길목에서 비켜나 있기 때문이기도 했다.

하지만 세미나가 시작된 다음 날 아침, 청중들 가운데 태풍 '이반'이 사흘 후에 바베이도스를 강타할 가능성에 대해 얘기하는 사람들이 많아졌다. 사람들의 얼굴에 걱정스런 빛이 퍼져 나가는 것을 보며 나는 이 상황을 본 회의 때 논의할 내용의 실례로 들어야겠다고 마음먹었다.

나는 도입 부분에서 직업에 대한 하나님의 부르심과 예수 이름 안에서 우리가 소유한 권세를 설명하면서 사람들에게 이렇게 말했다. "이제 다들 일어서서 이 태풍을 향해 우리가 지닌 권세를 행사하도록 합시다. 세 가지로 기도하겠습니다. 첫째, 바람의 속도가 약화되도록, 둘째, 태풍이 바베이도스에 도착하기 전에 방향을 바꾸도록, 셋째, 폭풍에 동반하는 비 피해가 전혀 없도록 함께 기도합시다."

모든 사람들이 일어났다. 내 인도에 따라서 그들은 동쪽을 향해 손을 펼치고 나와 함께 이런 믿음의 기도를 올렸다. 나는 이런 행동이 전혀 유별나다고 생각하지 않았다. 지난 40년 동안 나는 이렇게 자연현상에 관한 기도를 인도한 적이 숱하게 많았다. 목사가 된 지 35년이 지난 현재, 나는 직업 세계에서 행하시는 하나님의 활동에 대해 강연하고, 집필하며, 가르치는 일로 삶을 꾸려왔다.

보통 내가 컨퍼런스에서 강연할 때는 모인 사람들 중에 그리스 도인들이 90퍼센트를 차지한다. 하지만 이날은 80퍼센트 이상이 그리스도를 따르지 않거나, 기독교 신앙을 표현한다고 해도 보통 이런 기도를 해 본 적이 없는 사람들이라는 것을 나는 알고 있었다. 그럼에도 그들은 모두 내 지시에 협조했다. 기도가 끝난 후 나는 계속해서 발표를 이어 나갔다.

세미나가 끝나고 나서 우리는 인터넷으로 태풍의 토요일과 주일, 월요일의 진행 경로를 계속 주시했다. 몇몇 사람들의 걱정대로 바베이도스는 바로 폭풍 경로의 한가운데 놓여 있었다. 무역 잡지인 「보험 저널」(Insurance Journal)에서는 노동절에 "또 다른 허리케인에 맞서는 카리브 해의 섬들: 이반, 이제 4대 폭풍의 범주에 들다"라는 머리기사가 붙은 인터넷 기사를 실었다.

직경 32킬로미터, 길이가 64킬로미터인 바베이도스는 겨우 워싱턴의 두 배 반 정도의 크기로, 허리케인 자체가 섬 크기의 몇 배가 된다는 사실을 생각하면, 우리가 '이반'의 분노를 피해 갈 가능성은 거의 없어 보였다. 월요일 밤의 불길한 전조를 생각하며, 윌마와 나는 심슨 가족과 함께 그들의 저택이 있는 절벽 끝에 섰다. 거기서 우리는 토요일 밤에 했던 동일한 기도를 하고 잠자리에 들었다.

그때쯤 허리케인은 이 도서 국가의 반경 160킬로미터 안으로 이동했다. 아침 시각을 알리는 리포터는 '이반'의 강도가 최고조에 이를 것이라고 예측했고, 우리는 시속 60~65킬로미터로 부는 비교적 잔잔한 바람을 맞으며 잠에서 깼다. 정확히 말해서 강도가 세긴 하지만, 허리케인의 최저 강도에는 훨씬 못 미치는 것이었다. 광범위한 정전 사태에다 나무와 전신주가 쓰러지고 지붕이 날아가긴 했지만 말이다. 나는 이번 폭풍에 자신의 작은 집이 풍비박산이 된 한 여성을 목격하기도 했다.

그럼에도 기상 예보와 비교해 보면 우리는 극적인 기도의 응답을 받은 셈이었다. 풍속은 약화되었고 허리케인은 방향을 돌렸으며 비도 내리지 않았으니 말이다. 나는 폭풍이 특히 그리나다 근처의 다른 카리브 해 국가를 휩쓸고 지나갔음을 알았다. 여기에 대해 아무 설명도 할 수 없지만, 나는 내가 주님이 바베이도스에서 행하신 일을 이해했다고 믿는다.

무엇보다 우리는 믿음의 예방주사가 필요한 사람들을 만났던 것이다. 하나님은 그분의 능력의 증거로 아직 그분을 모르는 사람들을 위해 기적을 행하길 좋아하신다. 예를 들어, 나는 한때 아르헨티나의 전도자 카를로스 아나콘디아(Carlos Anacondia)와 1990년대 그의 대중집회 동안 종종 일어났던 몇몇 기적들에 대해 이야기를 나눈 적이 있다. 치아에 구멍이 난 사람들이 그의 집회 때 기적적으로 그 부분이 메워지기도 했다. 하지만 아나콘디아의 자녀들은 여전히 치과에 다닌다.

게다가 (이것이 가장 중요한데) 우리는 바베이도스에서 가장 두각을 나타내는 사업계의 지도자 한 사람이 소집한 일단의 지도자들과 함께 모임을 가졌다. 키핀 심슨(Kyffin Simpson)의 명성은 그의 사업적 성공만큼이나 유명했다. 카리브 해 전역에 대단한 영향력을 행사하고 있는 그는 하나님을 믿는 믿음이 삶의 최우선인 사람으로 알려져 있다.

나는 하나님이 그분의 왕국을 위해 영향력 있는 지위에 그분의 지도자들을 배치하실 것을 믿는다. 바베이도스에서 그 일이 일어난 다음 주에 주민들은 하나님이 어떻게 허리케인의 방향을 바꾸셨는지 얘기하며 왁자지껄했다. 그리스도인 지도자들이 재정과 사업의 성공만큼 그리스도인의 영향력을 미칠 때 일어나는 일이 이런 것이다.

심슨 부부의 성실한 하나님 중심의 사업 리더십이 주님의 개입하실 장을 마련했다고 믿는다. 윌마와 나는 때마침 그 자리에 전달자로 있었을 뿐이다.

국가에 영향을 미치는 것

당신은 일터 목회자로서의 기술을 개발하고 싶은가? 주님을 위해 당신의 도시와 국가에 영향을 미치기 원하는가? 몇 년 전 나는 그리스도인들이 일터에서 그들의 목적을 완수하도록 격려하고 북돋우기 위한 목적으로 「왕의 사역」(GOD@WORK)을 집필했다. 이 후속편은 점차적으로 커져 가는 사역의 분야에서 당신이 제대로 역할을 다할 수 있게 돕고 이런 원리들을 실제로 옮기는 데 도움이 되는 아이디어들을 제공하려는 의도로 씌어졌다.

「왕의 사역 2」는 많은 직업 분야의 인물들의 이야기가 포함되는데, 그들은 모두 내가 개인적으로 잘 아는 사람들이다. 이들 모두가 어떤 식으로든 이 일터 사역의 메시지에 감명을 받아 그들의 영향권 안에서 변화를 일으키고 있다. 그들 모두 차례로 자신의 삶을 향한 하나님의 부르심을 신실하게 성취함으로써 내게 감동을 주었다.

키핀 심슨도 그중 한 사람이다. 그는 아들의 권면으로 「왕의 사역」을 읽었으며 내가 강연하는 컨퍼런스에 참여했다. 그 세미나는 그의 또 다른 아들이 준비한 것이었다. 키핀은 이제 아주 소중한 친구가 되었다. 나는 키핀이 자기 나라와 카리브 해 전역에서 하나님께 엄청난 은혜를 입었음을 안다.

그가 가정에서 어떤 모습인지 알려면, 서인도 제도 대학에서 최근에 그에게 명예 법학박사 학위를 수여하면서 찬사를 보낸 연설을 들어 보라.

키핀 도널드 심슨 판사는 뛰어난 직업적 성공의 정상에 이른 분입니다. 오늘 밤, 우리 친애하는 대학의 명예 박사학위를 받으면서 그는 학문 분야에서도 정상에 이르게 되었습니다. 또 그가 태어난 곳이 마침맞게도 성 요한 교구에 있는 'The Summit'(정상)이라는 이름의 집이었음을 생각해 보면, 그는 한 바퀴 빙 돌아 제자리에 온 셈입니다!
키핀은 그의 집에서 몇 킬로미터 떨어진 로지 스쿨에서 교육받았고, 나중에는 영국에서도 수학했습니다. 이번 주 초에 그는 지구를 반 바퀴 가로질러 일본에서 돌아왔습니다. "학교 가방을 메고 아침에 반짝이는 얼굴을 하고서는 달팽이처럼 느릿느릿 억지로 학교에 기어가는"셰익스피어의 어린 학생처럼 오가던 그 짧은 거리의 여행만큼이나 잦은 여행이었죠.

30년 전에 심슨 그룹을 세운 후 그는 곧바로 스즈키(Suzuki) 프랜차이즈를 따내기 위해 일본으로 갔습니다. 카리브 해에 밀어닥친 무시무시한 에너지 위기의 충격 때문이었죠. 그는 스즈키를 바베이도스에서 제일 잘 팔리는 자동차로, 지난 20년 동안 카리브 해에서 상위 3위에 올려놓았습니다. 그는 이 브랜드가 유럽과 미국에 진출하도록 지원할 뿐 아니라 푸에르토리코, 브라질을 포함한 카리브 해에 주 브랜드로 자리 잡도록 했습니다.

그는 또 스코다(Skoda)와 포르쉐(Porsche)를 바베이도스에 들여오고 메르세데스 벤츠(Mercedes-Benz)와 크라이슬러(Chrysler)를 다시 수입하는 일을 담당했습니다. 심슨 모터스의 영역은 기본적으로 사용해야 하는 차와 차라면 사족을 못 쓰는 모든 남자들 및 상당수 여성들이 원하는 꿈의 자동차를 망라합니다!

키핀 심슨은 카리브 해와 라틴 아메리카 일대 자동차 산업에서 가장 혁신적인 책임자 가운데 하나로 인정받고 있습니다.

그는 바베이도스의 주도적인 국제 기업으로, 그리고 지구촌 시장에 침투함으로 국제 경쟁력을 발휘하고자 하는 회사들에게는 민간 부분의 역할 모델로 널리 여겨지고 있습니다. 그리고 그는 자신의 회사 근로자들의 발전에 투자하는 것으로 명성이 자자합니다. 또한 그의 국제적 영향력은 유명한 전미 협회와 무역진흥공사 이사회 회원에까지 이릅니다.

삶의 모든 영역에서 하나님의 축복에 감사하는 그의 강한 믿음은 하나님의 말씀을 선전하는 이들의 사역에 귀한 것을 심고자 하는 그의 열정에 불을 붙입니다.

그의 선행은 지역 스포츠와 대중문화도 포함합니다. 그의 후원은 젊은 두 서인도 제도의 스포츠 우상인 로널드 '수키' 킹 (Ronald 'Suki' King)과 배리 포데(Barry Forde)의 놀라운 경력 발전을 가능케 했습니다. 브리지타운의 노동계층 사회에서 체커 세계 챔피언까지, 킹의 이력은 많은 '길 위의 소년들'에게 영감을 주었으며, 오랫동안 주변적인 것으로 취급받은 게임을 다시 부활시켰습니다. 그리고 배리가 경륜 세계 챔피언으로 부상한 것은 그런 신뢰에 대한 헌신과 보답입니다.

키핀 심슨은 섬기는 삶의 요약판입니다. 그는 자신의 일을 사랑하는 축복을, 그가 좋아하는 자동차에 관련된 일을 하면서 사랑의 하나님을 섬기는 축복을 누립니다. 그리고 2004년, 여왕의 새해 작위수여 명단에서 그는 카리브 해의 사업에 대한 공헌으로 CBE(Commander of the British Empire) 작위를 받았습니다.

우리는 카리브 해 사업가인 키핀 심슨 법관의 모범에서 많은 것을 배웠습니다. 이 위대한 친구이자 은인에게 명예 법학박사 학위를 수여함으로써 나는 여러분이 그를 가깝게 받아들이기를 권합니다.[1]

그가 감동을 주는 분야에 주목해 봅시다.

· 사업 영역에서 그는 '바베이도스의 주도적인 국제적 사업가'로 알려져 있습니다.
· 정부에서 '그의 국제적인 영향은 전미 협회와 무역진흥공사 이사회 회원'에까지 이릅니다.

- 스포츠 문화에서 그의 후원은 두 젊은 서인도 제도 스포츠 스타의 경력 발전에 이바지했습니다.
- 저는 이 문장이 특히 인상적입니다. '삶의 모든 영역에서 하나님의 축복에 감사하는 그의 강한 믿음은 하나님의 말씀을 선전하는 이들의 사역에 씨앗을 심고자 하는 그의 열정을 타오르게 한다.'

이 사람은 일터 사역자의 모범이다. 심슨은 사업의 영역에서 부름받았고, 그가 하나님의 부르심에 응답했기에 그의 영향은 점점 확산되고 있다. 다음 뉴스를 생각해 보라.

카리브해 전역에서 셸 안틸러스(Shell Antilles)와 귀아나(Guianas) 주식회사의 석유배급과 마케팅 사업체를 매입함으로써, 솔(Sol) 그룹은 카리브 해에 근거지를 둔 첫 번째 주요 석유 사업체, 국제적 영향력과 지역 전문기술이 결합된 사업체를 형성하게 될 것이다. 솔은 국제무역센터의 석유회원국이며, 자동차, 통신, 은행업이 결합된 국제적 복합기업으로 라틴 아메리카, 중앙 아메리카, 카리브 해, 미국, 유럽 곳곳의 32개국으로 진출했다. 1974년, 의장인 키핀 심슨에 의해 설립된 전미무역센터는 카리브 제도의 본부에서 전 세계에 1,700명 이상의 직원을 고용하여 매년 포르쉐, 크라이슬러, 제너럴 모터스(General Motors), 스코다, 스즈키 등 4만 대 이상의 차를 전 세계 판매망과 상용 계좌를 통해 배급, 판매하고 있다.
그들은 카리브 제도의 주도적인 자동차 회사로 스즈키를 그 지역에서 제일 잘나가는 브랜드로 바꾸는 데 핵심적인 역할을 해 왔다. 전미무역센터와 솔은 그 지역 석유 부문에서 성장을 위한 투자에 필요한 자원과 전문기술을 보유하고 있다.

솔 그룹은 바베이도스, 세인트 루시아, 네덜란드령 앤틸리스 제도, 도미니카, 안티과, 세인트키츠네비스, 영국령 버진 제도, 앵귈라, 그레나다, 세인트 빈센트, 가이아나, 수리남과 벨리즈에서 셸의 석유 배급과 판매사업을 인수했다. 이 거래에는 셸 안틸러스와 가이아나 주식회사(Shell Antilles & Guianas Ltd), 셸 벨리즈 주식회사(Shell Belize Ltd), 셸 수리남 벌코압마츠샤피즈 N.V.(Shell Suriname Verkoopmaatschappi N.V.)의 매입도 포함될 것이다.

그 일환으로 솔은 기존 직원들과 계약, 채무관계를 모두 인수할 것이다. 솔은 앞으로도 허락 하에 주유소에서 셸의 브랜드 명을 그대로 사용하며 인수에 포함된 국가에서 셸의 연료와 윤활유에 대한 솔 배급업체로 활동하게 될 것이다.

솔 그룹은 카리브 해에 근거를 둔 첫 번째 지역 석유 사업체로, 석유 산업에 대한 새로운 접근을 보여 준다.

솔 그룹의 의장인 키핀 심슨이 회사에 대해 언론에 발표한 내용에 따르면, 솔 그룹은 지역 회사에서 운영하는 지점이 될 것이며 이 사업을 성장시켜 나가는 데 투자할 예정이라는 것이 인수의 핵심 부분이다. 솔은 이 석유 사업에서 수십 년간 고찰으로 경험을 쌓고 널리 국제적인 위상과 전문기술을 지닌 최고 실무 관리자들을 영입해 왔다.

솔은 지역의 재원과 전문기술의 발전에 중점을 두는 자회사 직원들을 위해 응분의 보상을 제공하고 오랫동안 경력을 쌓을 수 있도록 해 주는 선도적인 고용기업이 될 것이다. 고객 중심의 조직과 탁월함을 강조한다는 것은 직원들에게 더 많은 책임감을 부여하고, 개개인에게 더욱 초점을 맞추며, 결국에는 성공의 재정적 유익을 함께 나누는 의미라고 심슨은 지적했다.

이와 동일한 방법을 통해 솔 그룹은 고객의 필요에 더 민감하게 반응하게 될 것이다. 새로운 체제와 기술, 사업 기회에 대한 상당한 투자는 지역 사업의 성장을 향한 혁신적 방법을 뒷받침하게 된다. 이것은 모두 셸이 보유한 세계 수준의 석유와 윤활유 독점 공급업체인 솔 그룹의 위치에 의해 강화될 것이다.

솔은 지역 회사로서 카리브 제도에 투자한다. … 지방 정부와 고객들과의 긴밀한 협조 가운데서 말이다. 또한 이렇게 되면 회사의 활동 영역과 대상 고객들 양자의 필요에 대한 이해와 더불어 국민들에게 상당한 추가 고용과 훈련 기회를 제공하게 될 것이다.… 심슨이 지적했듯이 솔 그룹이 작업을 관리하고 국제산업 관행에 따라 건강과 안전, 환경 기준을 도입할 것이다.[2]

일터에 들어서며

허리케인 '이반'이 카리브 해를 휩쓸고 지나간 다음 주에 윌마와 나는 그리스도를 전 세계에 전할 방법에 대해 키핀과 로버타와 함께 대화를 나누고 있었다. 이는 오랫동안 우리가 갈망해 오던 것이었다. 이는 지역 교회를 떠나 일터 지도자들을 위한 사역을 시작하겠다는 결정을 내리는 데 동기를 부여했다. 대화가 계속 이어지면서, 나는 하나님이 어떻게 나를 바로 이곳으로 인도하셨는지 알 수 있었다.

현재의 사역을 준비하면서 나는 물론 하나님이 나를 부르셔서 지금 하고 있는 사역을 하게 하셨음을 알고 있었다. 바로 사업가들이 일터에 하나님의 영향력을 어떻게 미칠 수 있는가에 대한 컨퍼런스와 세미나를 인도하는 것이다. 상대적으로 안정적인 목사직을 떠난 후, 나는 6년 동안 재정적으로 상당히 힘든 시기를 보내며 그리스도인 사업가들에게 그들의 삶 속에 그들이 대부분의 시간을 보내는 곳인 직장에서 그들을 향한 하나님의 소명이 무엇인가에 대해 강연해 왔다.

1999년부터 이렇게 시작된 여행은 미국과 25개국, 100개 이상의 도시로 이어졌다. 주님께서 직업을 통해 여러 도시와 나라를 변화시키고자 하시는 그분의 계획에 대해 내게 가르쳐 주시는 느낌이 들었다. 그때는 주님께서 내게 여기에 대해 얘기하는 일은 그만두고 직접 그 일에 뛰어들라는 말씀을 하시리라고는 거의 생각하지 못했다. 바베이도스로 향하기 몇 달 전에 나는 주님이 말씀하시는 것을 느꼈다. "리치야, 나는 네가 사업을 시작하기를 원한다."

상당히 놀라긴 했지만, 내가 이제껏 들어 본 중 가장 명확한 말씀 가운데 하나이기도 했다. 주님의 명령은 계속해서 내 마음을 꿰뚫었으며 나는 구체적으로 어떻게 해야 하는지 알려 달라고 주님께 간구했다. 이제 나는 지금 이 모임이 주님께서 나를 하나님의 나라를 위해 여러 도시와 국가에 영향을 주도록 이끄시는 과정에서 한 걸음 나아가는 것임을 알게 되었다.

여행을 출발할 때 사업을 시작한다는 구상은 전혀 머릿속에 들어 있지 않았지만, 우리는 걸음마다 우리를 인도하시는 주님의 손길을 목격했다. 우리가 바베이도스에 도착할 즈음에는 주님께서 방향을 계시하셨음을 분명히 느꼈다. 연설하는 것이 내 은사였고, 목회를 한 경력도 있었기에 이 두 가지 특징이 결합된 사업이라면 이상적일 것이었다.

나는 회사 교육 현장에서 가능성을 발견했고, 여기서 사업 지도자들에게 사업에 대한 실제적인 측면에 대해 얘기할 수 있었다. 말하자면 기술적인 면에 대비되는 인적인 측면을 말한다. 그 일을 하면서 나는 회사 경영문화의 윤리(또는 부족)에 대해 전할 수 있었다. 나는 문제 해결, 갈등 해소, 리더십, 대화 기술, 행동 양식 같은 관련된 주제들에 대해 얘기하는 회사를 조직할 수 있었다. 또 인물, 윤리, 원리 등의 구획별로 설립 목적에 초점을 맞출 것이다.

우리가 바베이도스로 여행을 갔을 때쯤 이 모든 일들이 최종 단계에 이르고 있었지만, 아직은 사업을 시작하지 않은 상태였다. 그래서 전 세계에 복음을 전하는 것에 대해 심슨 부부와 얘기를 시작하던 날, 나는 전략으로 이를 제시했다.

"사업들을 하나하나 차례로 변화시켜서 국가에 영향을 주는 건 어떤가?" 하고 내가 물었다. "만일 우리가 기업에 원칙과 신의, 윤리를 회복시킬 수 있다면 국가를 구석구석 확실히 변화시킬 수 있네. 이제까지는 설교를 통해서 외부로부터 변화를 주려고 애써 왔지. 이제 내부에서 변화를 일으켜 하나님께서 하실 일을 지켜보자는 말일세."

"제가 믿는 바가 그거예요." 로버타 심슨이 대답했다. "우리 여기, 바베이도스에서 회사를 시작해요."

나중에 나는 부장인 데비 심슨(Debbie Simpson)을 만났다. 그녀는 회사의 최고위 관리자들에게 리더십 교육을 해야 한다는 데 동의했다. 이 회사는 이 일을 시작하기에 알맞은 이상적인 곳이었다. 강력한 기독교적 리더십과 윤리 및 원칙의 토대, 여기에 회사 소유주의 전폭적인 지지가 있으니 말이다. 하지만 모든 직원들이 다 그리스도인들은 아니었다. 기독교적 원리가 운영의 결정을 인도해야 한다는 데 모든 직원들이 다 충분히 이해하거나 동의한 것은 아니었다.

우리는 12회의 반나절 분기를 통해 경영 팀의 리더십 기술을 구축했다. 회사 내의 일정 관리가 어렵다는 이유와 여행 때문에 우리는 25명의 관리자들과 연속 6일간 일정을 잡고, 이후 6일은 다른 25명의 관리자들과 보내기로 계획을 세웠다. 이렇게 신속하게 시작된 우리의 사업은 잘되어 나갔다. 우리는 열의에 찬 평가를 받았다. 회의적인 사람들조차 이런 말을 하면서 우리에게 호응해 주었다.

"내가 마음속으로 옳다고 여기던 것을 확인시켜 주고 이런 지식을 어떻게 일하는 데 적용하는지 알려 줘서 정말 감사드려요."

"내가 하는 일의 방식을 바꾸고 싶을 만큼 나를 고무시켰던 연수는 이번밖에 없었어요."

"이 코스를 통해서 50년 만에 처음으로 저 자신을 이해하게 됐어요. 이 훈련으로 제 동료들을 이해하게 됐고, 더 중요한 건 이를 통해 저의 인생이 100퍼센트 발전될 거라는 사실이죠."

이런 개개인의 이야기를 통해 몇 가지 요점을 지적하고자 한다.

1. 하나님은 우리가 하나님의 나라를 위해 가능한 모든 방법을 다 사용해서 여러 도시와 국가에 영향을 주기를 원하신다. 지난 40년간 월마와 나는 교회 개척, 교회 성장 세미나 및 전도를 망라한 사역을 해 왔다. 특히 선진국에서 기독교의 메시지를 강력하게 전했다. 또한 많은 개발도상국 내에는 많은 미전도 종족들이 존재한다. 나는 그들에게도 관심이 있다. 전통적인 교회 확장 방법이 모든 수준의 사회에 전부 영향을 미쳤던 것은 아니다. 이런 정황 속에 직장 사역이 들어서게 된다. 그리고 하나님은 지금 모든 영향력의 국면에서 지도자들을 부르고 계신다.

2. 나는 모든 목회자가 새로운 교회를 시작해야 한다고 믿지 않듯, 모든 그리스도인들이 사업을 시작해야 한다고 생각하지는 않는다. 하지만 우리 모두 자신의 영향력이 극대화될 수 있는 자리를 찾을 필요가 있다고 믿는다. 우리는 도시와 국가를 변화시

키시는 하나님의 행하심에 준비해야 한다. 주님께서 내게 새로운 일을 시작하라고 말씀하셨을 때는 놀랐지만, 이것이 그분의 계획임을 알았다.

3. 목표를 세우고 새로운 꿈을 품기에 당신은 결코 많은 나이가 아니다. 나이가 들어 그다지 빠르게 멀리 움직일 수 없을지는 모르지만 당신의 꿈을 이룰 만큼은 충분히 달릴 수 있다. 「조용한 변화」(Passages)에서 게일 쉬이(Gail Sheehy)는 세 가지의 성인기에 대해 말한다. 세 번째 시기는 자신의 정체성을 발견하고 인생을 되돌아보게 되는 60세쯤에 시작되는 것으로, 하나님은 바로 이때를 위해 당신을 준비시키신다. 안타깝게도 하나님의 많은 위대한 지도자들은 그들이 가장 능력 있게 섬길 수 있도록 하나님이 준비시켜 왔던 바로 그 시기에 은퇴를 생각한다.

나는 캘리포니아 주 산타로사 해변에 본부를 둔 기독교 국제사역 네트워크의 빌 헤이먼(Bill Hamon) 감독(Bishop, 감리 교회에서 교회를 관할하고 신도를 보호하며, 의례와 교육을 맡는 가장 높은 교직자–편집자)에게 나중에 커서 그를 닮고 싶다고 자주 말하곤 했다. 그는 나보다 열 살 위였고, 나보다 10년 먼저 결혼했으며, 그만큼 더 오랫동안 주님을 섬기고 일터 사역의 지도자로 사역했다. 그와 그의 아내인 이블린(Evelyn)은 최근 50년 사역의 축하 예배를 드렸다. 이것은 그의 은퇴를 축하하는 것이 아니라 단지 그가 다음 단계의 사역을 시작한다는 의미였다.

내 강연회의 청중 가운데는 주로 퇴직자들이 많다. 그들 중 한 사람은 보통 이런 말을 한다. "제가 30년 전에 이 얘길 들었더라면 써먹을 수 있었을 텐데, 아쉽습니다." 그러면 나는 이렇게 대답한다. "지금도 당신은 주님께 쓰임받을 수 있습니다. 당신의 은사와 기술, 재능, 경험이 사용될 수 있는 곳을 찾아보세요. 때로는 조언자나 지도자, 어떨 때는 중재자일 수도 있지만, 분명히 당신에게 맞는 자리가 있습니다."

4. 주님께서 당신의 꿈이 성취되도록 이끄시는 순간이 언제인지 미리 알 수 없는 까닭에, 당신은 늘 준비하고 있어야 한다. 지금이 바로 준비할 때다. 학교로 돌아가 책도 더 많이 읽고, 기술을 개발하며 준비해야 한다. 루이지애나 주지사인 마이크 포스터(Mike Foster)는 나이 일흔에 법과대학에 등록했다. 할란 샌더스(Harlan Sanders) 대령은 60대에 드디어 켄터키 프라이드 치킨(KFC)을 정상의 위치에 올려놓았다. 존 글렌(John Glenn)은 77세의 나이에 우주선 디스커버리 호에 탑승했다.

당신 인생에서 영향을 발휘할 다음 단계를 준비하기 위해 당신은 무엇을 하고 있는가? 나는 리더십 개발을 위한 다국적 회사를 시작할 것이다. 사업 지도자를 육성하는 일과 더불어 나는 향후 3년간 10개국에서 창업 예정인 회원들을 상담할 것이다. 이것은 내가 대단해서가 아니라 하나님께서 내 인생의 이 단계로 나를 인도하시고 이를 가능케 하셨기 때문이다.

어떤 새로운 전망이 당신을 기다리는가? 이 책을 읽어 나가면서 주님이 당신과 당신 가족에게 더욱 만족스럽고 보람 있는 미래로 인도할 것이라 확신한다. 그럴 가능성에 의심이 든다면, 이제 다음 장을 펴서 런던 외곽에 변화를 가져온 한 영국의 혁신가에 대해 읽어 보라.

Chapte 2
The Coming Army

2장

다가오는 군대

"인자의 온 것은 잃어버린 자를 찾아 구원하려 함이니라"(눅 19:1).

한 도시에 천 명의 새로운 사역자들이 세워져 준비되고 각 방면에 배출되어 영향력을 발휘하고 있다고 상상해 보라. 어떤 이는 정부 기관에서, 어떤 이들은 판매점에서 일하거나 학교 교사로 일한다. 그들은 자신들의 일터를 사람들의 삶에 영향을 주고 매일 살아 나가기 위해 급급한 단조로운 삶으로부터 그들을 고양시킬 기회로 삼는 사업 지도자들이다. 이 운동에는 오락매체 분야에서 온 인물들도 포함돼 있다. 한편, 지역 회중들은 협력해서 일터 사역자들과 연계하여 그들을 교육시킨다.

꿈같은 소리로 들리는가? 이런 일은 사도행전에서만 일어나는 것일까? 세계에서 두 번째로 거대한 도시 런던의 여러 외곽지역의 하나인 길퍼드에서 오늘날 이 일은 현실이 되었다. 무엇보다 가장 놀라운 사실은 이런 부흥의 비전을 도입하여 일상생활을 변화시킨 것이 한 사람의 사업가였다는 것이다.

줄리안 와츠(Julian Watts)는 이 분주한 도시의 사업 지도자였다. 2002년, 와츠는 자신의 영적 성장기를 경험하면서 한 목회자 그룹에 자신도 그들의 초교파적 기도 모임에 참여할 수 있느냐고 물어야겠다는 강한 느낌이 들었다. 그들의 모임에서 환영받은 후, 다국적 컨설팅 회사와 함께 상당한 사업 경험을 쌓은 이 부드러운 어조의 회사 대표는 도시 전체에 영향을 미칠 계획을 정리했다.

오늘날 길퍼드에서 일어난 운동은 전 세계 곳곳의 다른 도시에서도 모범이 될 가능성이 많다. 줄리안은 현재 길퍼드에 있는 대부분의 교회에서 강연을 해 오고 있다. 그의 리더십과 용기 덕분에 설문지가 배포되었고, 이는 자신의 주 사역이 일터에 있음을 확신하는 천 명 이상의 그리스도인들이 그들의 정체성을 확인하도록 도와주었다.

어째서 길퍼드인가? 나는 줄리안에게 그가 명확한 관점을 가진 사람이기 때문이라고 말했다. 하지만 그게 다는 아니었다. 지난 4년간 약 30명의 사업가들이 기술센터의 한 중역실에 은밀히 모여 정기적으로 모임을 가져 왔다. 그들은 런던을 근거지로 하는 사업 컨설턴트 리처드 플레밍(Richard Fleming)이 소집한 사람들이었다.

아내 윌마와 나는 몇 년 전에 리처드와 폴린(Pauline) 플레밍 부부를 만났고, 그들이 사업가들에게 하나님의 음성을 듣는 방법을 지도하는 것을 지켜보며 감탄했다. 리처드와 폴린은 동료 일터 사역자 그룹과 함께 그들의 도시를 향한 하나님의 음성을 듣고자 애쓰며 하나님께서 지시하신 전략을 형성하고, 길퍼드를 위한 주님의 뜻을 분별해 왔다.

플레밍의 지도 하에 그들은 하나님 나라의 지혜 센터(Kingdom Advice Centre, 영국식 철자표기)로 알려진 기구를 세웠다. 이곳에서는 일터 지도자들을 위한 실용적인 훈련기법으로 사업 현장에서 하나님의 음성 듣기에 초점을 맞추고 있다. 지금까지 대부분의 훈련이 교회를 배경으로 이루어졌던 까닭에 '듣기'는 대부분 교회 용어로 설명되어 왔다. 예를 들어, 누군가 사역으로의 부르심을 들었다면, 주로 교회에서의 목회를 뜻한다고 가정한다. 그러나 하나님 나라의 지혜 센터에서 이는 직장 사역의 맥락에서 설명된다 (더 많은 얘기는 8장, '하나님의 음성 듣기'에 나와 있다).

그들이 모두 사역자이긴 하지만 여기에 참가한 사람들 중에 성직자 복장을 한 전통적인 목사 스타일은 아무도 없다. 하지만 그들은 일터 사역자 리처드가 인도하는 일터 사역자들이다. 그들이 기도로 하늘 문을 두드리자 하나님은 줄리안이라는 또 다른 일터 사역자를 통해 응답하셨다.

두 일터 지도자들이 오랫동안 서로 만나지 못하긴 했지만, 그들은 여러 해 전에 줄리안은 회사 소유주로, 리처드는 경영 디렉터로 함께 일한 적이 있다. 하나님은 그들과 함께하시며 하나님을 신뢰하고 하나님의 음성을 들으며 하나님의 인도하심을 따르는 법을 그들에게 가르치셨다. 몇 년이 지난 뒤 하나님은 일찍이 그들이 했던 기도에 대한 응답으로 그들을 다시 불러 모으셨다. 하나님은 이 도시를 위한 기폭제로 줄리안을 활용하셨다. 이제 리처드는 자신의 경험을 활용해서 뒤따르는 일행들을 돕고, 길퍼드에 새로 임명된 천 명의 사역자들을 배출할 것이다. 사업가들은 자신들의 일을 통해 사역하므로, 이로써 도시 전체가 잠재적으로 점점 변화하는 방향으로 나아간다.

구속 사역

길퍼드의 이야기는 일은 저주가 아니라는 다음의 진실을 강조한다. 이제껏 지나치게 오랫동안, 일은 기독교 공동체에서 '부당한 비난'을 받아 왔다. 이런 인상이 쌓인 것은 유감스런 일들이 반복된 까닭이다. 예수님께서 주신 구속이 세상에 미치는 영향에 대해 우리는 진실을 말해 왔지만, 그렇다고 온전히 진실을 얘기한 것은 아니었다. 우리 의도가 나쁜 것은 아니라 해도 그런 경향은 많은 그리스도인들 가운데 상당한 혼란을 일으켰다.

가장 대표적인 예는 누가복음 19장 1-10절에서 예수님이 삭개오를 만난 이야기다. 이 구절에서 세리장이었던 삭개오는 예수님을 보기 위해 나무에 올라간다. 예수님이 그의 집에 오신 후에 삭개오는 가슴이 벅차 이런 서약을 한다. "주여 보시옵소서 내 소유의 절반을 가난한 자들에게 주겠사오며 만일 뉘 것을 토색한 일이 있으면 사배나 갚겠나이다"(8절). 이 이야기의 결론으로 예수님은 이렇게 말씀하신다. "인자의 온 것은 잃어버린 자를 찾아 구원하려 함이니라"(10절).

사소한 부분처럼 들리겠지만, '자'(That, 무리 또는 집단을 의미-편집자)라는 단어의 사용에 주목해 보라. 예수님은 잃어버린 '자들'(Those, 몇몇 사람을 의미-편집자)을 찾아 구원하러 오신 것이라고 말씀하시지 않았다. 분명히 그분은 잃어버린 사람들을 구원하기 위해 오셨다. 그들을 하나님 나라로 인도하려는 뜻을 품고 우리가 이 진실을 가능한 모든 사람에게 선포하는 것은 옳은 일이다. 하지만 우리는 대체로 이 지점에서 멈추고 만다.

과도하게 단순화시키는 것처럼 들릴 위험성은 있지만, '자'라는 표현에는 '자들'이 포함되어 있어도 '자들'이라는 말에는 '자'가 포함되지 않는다는 사실을 지적하고 싶다. 잃어버린 '자'를 찾아 구원하러 오셨다고 하신 예수님의 말씀은 잃어버린 무리들을 포괄적으로 언급하신 것이다. 물론 그분은 사람들의 영혼에 대해 말씀하신 것이다. 하지만 그분은 죄가 이 땅에 들어오면서 다른 모든 것을 잃어버리게 되었다고 말씀하신다. 우리가 구속하시는 예수님의 보혈의 능력에 대해 사람들에게 가르칠 때, 우리는 그분이 우리 일터의 삶을 구속하셨다는 사실도 포함시킬 필요가 있다.

창세기 2장은 하나님이 계획하신 대로의 일을 나타낸다. 하나님의 일하심과 인간의 협력이 놀랍고도 감동적으로 결합한 모습이다. 하나님은 노동이 뼈가 휘어지고 땀이 흐르고 가슴 졸이는 수고가 되도록 계획하지는 않으셨다. 대신 인간이 그분을 도와 이 땅을 돌볼 수 있도록 일을 만드셨다. 잠시 이 사실을 묵상해 보라. 전능하신 하나님께서 이 세상을 창조하실 때 남자와 여자가 그분의 창조물을 돌보는 데 조력하게끔 계획하셨다. 이런 현실을 깨닫게 되면 월요일부터 금요일까지 틀에 박힌 일상생활을 하던 당신의 자세가 180도 달라질 것이다.

노동은 인간이 죄를 지었기 때문에 초래된 저주의 결과가 아니다. 하지만 사무실, 작업장, 헤아릴 수 없이 많은 일터에서는 아담과 하와의 불순종으로 인해 초긴장 상태가 발생하고 심장마비에 걸릴 것 같이 혈압이 올라가는 스트레스가 자주 발생한다. 좋은 소식은 예수께서 이런 저주로부터 우리를 풀어 주시기 위해 죽으셨다는 것이다. 누가복음 19장 10절에 기록된 대로 예수께서 말씀하셨을 때, 그분은 인간의 허물로 더럽혀진 만물을 돌보실 것이라고 인류에게 확실히 약속하셨다.

우리가 사람들을 예수님께 인도하고 그들이 주님을 신뢰해야 한다는 사실을 깨닫게 하려면, 그리스도의 능력이 그들이 고의로 지은 죄를 용서해 주시는 것 이상임을 얘기해 주어야 한다. 우리는 그들의 삶 속에 스트레스가 전혀 없이 일하는 법을 보여 주시는 그분의 능력에 대해 말해 줄 필요가 있다. 우리는 에덴동산의 평화로운 환경을 그들에게 상기시킬 필요가 있는데, 이는 우리의 육체 노동을 축복하고자 하시는 하나님의 소망을 나타내기 때문이다.

　일은 모든 사람들의 삶을 향한 하나님의 계획에 포함된 것이지만, 천편일률적으로 주어지는 것은 아니다. 우리는 하나님의 계획에 대해 온전한 진실을 말하기 시작해야 한다. 우리가 여기에 실패하면, 사람들을 속박된 채 내버려 두게 된다. 그 사슬을 없애고 주님이 뜻하신 모습으로 살아가도록 사람들을 해방시키기 위해 주님께서 이미 대가를 치르셨기 때문에 이것은 슬픈 일이 아닐 수 없다.

　세계 곳곳을 여행하면서 나는 이런 메시지를 선포한다. "하나님은 당신의 일 가운데서 당신을 축복하시기 원하십니다!" 그분은 당신이 하는 일에 관심을 가지신다. 그분은 당신이 만사형통하기를 원하신다. 이 부분이 물질적인 의미로만 해석될 때가 얼마나 많은지. 하지만 주님은 당신의 결혼, 가정, 친구 관계를 축복하며 당신이 하는 일에 깊은 개인적 성취감을 갖게 함으로써 직장에서의 관계까지 축복하려 하신다. 인류를 위한 예수님의 희생을 적용하면 모든 영역에서 구속과 회복이 일어나는 것을 보게 될 것이다.

부를 위한 도박

　교회 예배에 참석해 본 적이 있는가? 보통은 설교 직전에 헌금하는 순서가 있다. 목사는 헌금 순서를 인도하기 위해 성경 말씀을 인용한다. 이 과정은 어떤 속임수도 없이 진실하게 시작된다.

성경에는 베푸는 것에 대한 가르침들로 꽉 차 있기 때문에 적용할 구절이 많다. 우리에게 익숙한 구절은 누가복음 6장 38절로, 당신이 주면 다른 사람도 당신에게 "누르고 흔들어 넘치도록" 줄 거라고 말씀한다. 다시 말해서, 하나님이 한 번 주시면 확실하게 주신다는 뜻이다.

성경 말씀이기 때문에 우리는 이 말이 진리임을 안다. 하나님이 약속하셨기 때문에 그렇게 될 거라는 것을 우리는 안다. 맞는가? 그러나 이 말이 사실이라면 왜 그토록 많은 사람들이 목사의 호소를 들은 뒤에 헌금을 했는데도 여전히 돈이 부족한가? 그들은 진리의 말씀을 듣고 반응을 보이고 나서는 기적적인 보상을 기대하면서 그 자리를 걸어 나온다. 하지만 많은 이들은 지금도 '누르고 넘치는' 재물의 축복을 기다리고 있다.

무엇이 문제란 말인가? 쉽게 말해서 우리는 그들에게 하나님의 약속에 대한 기적적인 응답만 기대하게 한 셈이다. 어떤 사람들은 실제로 그들이 교회에 헌금하면 로또 복권에 당첨될 확률이 더 늘어날 거라고 믿는다(심지어 전염병처럼 피해 다녀도 마땅찮을 판에 말이다). 어떤 사람은 기대치 못한 수표가 없나 살펴보며 우편함을 뒤지거나 마권 우승 번호를 맞추고 싶어 애쓴다. 물론 그렇게 해서 큰돈을 얻었다는 얘기를 가끔 듣기도 한다. 하지만 그것이 대부분의 사람들에게 들어맞는 얘기는 아니라는 데 다들 동의하지 않겠는가? 그러나 성경에 있는 보상의 약속은 모든 하나님의 자녀들을 위한 말씀이다.

자, 나는 기적을 좋아한다. 내가 직접 기적을 체험하기도 했고, 그런 기적이 많은 이들의 삶을 더 낫게 변화시키는 것도 목격했다. 그럼에도 이것이 하나님이 일하시는 유일한 방식은 아니다. 무엇이 빠졌단 말인가? 우리가 빠뜨린 부분은 하나님이 부를 옮기기 위해 배치해 놓으신 체계다.

성경에서 제시하는 길은 결코 로또, 내기경마, 또는 뜻하지 않은 횡재를 통해 재물을 얻는 방법이 아니다. 성경은 정부가 당신을 돌보거나 당신의 교회가 공급처가 될 것이라고 가르치지 않는다. 성경이 가르치는 바는 노동과 직업에 대한 것이며, 우리가 직접 수고한 일에 대한 하나님의 축복이다.

성경은 일과 하나님의 축복을 밀접하게 연결시킨다. 예수께서는 일하는 것을 보실 때 이를 축복하셨다. 예를 들어, 제자들이 물고기를 잡으러 나와서 아무것도 얻지 못했을 때 일어난 일을 한번 살펴보라(요 21:3-6). 예수님은 그들에게 할 일을 일러 주셨다. "그물을 배 오른편에 던지라 그리하면 얻으리라"(6절). 예수님은 당신의 직업을 아시고, 잘 해낼 수 있도록 돕는 법을 아시며, 무엇보다 가장 좋은 것은 당신이 잘 해내기를 바라신다는 사실이다. 당신이 내어 준 것에 보상받는 축복을 원한다면, 주님께 당신이 수고로이 한 일을 축복해 달라고 간구하라.

노동은 경건하다

당신이 베푼 것에 대한 응답으로 하나님의 약속을 받는 과정에는 적어도 세 가지 단계가 있다.

1. 먼저 하나님에 대한 믿음의 반응으로 베푸는 일이 선행된다. 주의: 믿음 없는 행동은 충분치 못하다.
2. 베푸는 행동과 함께 우리는 기도를 덧붙여야 한다.
3. 구제, 믿음, 기도 외에도 우리는 하나님의 재산 창출 시스템과 연결해야 한다. 쉽게 말해서 그 비밀은 일자리를 발견하는 것이다. 그리고 그 일에 주님이 축복하시기를 기도하라. 어떻게 하면 그 일을 더 잘할 수 있는지 그분께 창조적인 아이디어를 요청하고, 하나님의 힘을 받아 그분의 능력 안에서 당신의 일을 완성하라.

교회 안에서 노동의 평판이 좋지 않으므로, 수없이 많은 사람들이 자신의 직무에 하나님이 축복하시고 임재하시기를 구하는 데 실패해 왔다. 정말 비극이다. 이는 일터에서 게으름과 불만을 낳을 뿐 아니라 '55세 정년' 신드롬에 불을 붙인다. 이 시나리오에서 추구하는 삶의 값진 목표는 한 사람이 경험과 완성도를 발전시켜 일터를 안정시키고 앞날의 지도자들을 인도할 바로 그 시점에 은퇴하는 것이다. 일주일 내내 골프를 치는 것이 이상적으로 보이지만 이는 지루해서 빨리 죽기 딱 좋은 방법일 뿐이다. 모세는 80세에 광야를 떠돌지 않고 이스라엘을 자유로 인도했다.

이런 조기 퇴직의 이미지는 일반 교인들을 위해 활동하는 전문 사역자, 교사, 찬양 팀 안에서도 비슷하게 전개된다. 이런 시나리오는 성경적이지 못하다. 일터 사역자들의 발전이 이런 생각에 도전장을 던지고 기독교계에 일대 변동을 가져올 것이지만, 그래도 괜찮다. 사실 이것은 대단히 필요한 일이다. 변화의 시기가 쉽게 지나가는 일은 거의 없지만, 꼭 필요할 때가 많다. 우리가 현상태를 변화시키지 않는다면, 우리는 계속해서 하나님의 명령을 완수하는 데 필요한 운동량과 힘, 임계질량(바람직한 결과를 효과적으로 얻기 위해 필요한 양-편집자) 등을 잃어버리게 될 것이다.

구약과 사도행전의 교회에서 작용했던 계획으로 다시 돌아와야 할 때다. 이 계획은 에베소서 4장 11-12절에 분명히 나타나 있다. 바울은 여기에서 하나님이 그분의 교회를 세우시기 위해 주셨던 다섯 가지 은사를 열거한다. 여기에는 사도, 예언자, 복음 전하는 자, 목사, 교사가 포함된다.

많은 사람들이 오늘날 여기에 대한 적절한 명칭이 무엇인지, 어떤 은사가 아직도 영향을 미치며 미치지 않는지에 대한 길고 고단한 논쟁에 돌입하고 있다. 나는 여러 번 이런 토의에 참여해 왔지만, 내 이해는 훨씬 더 실제적인 부분에까지 이르렀다. 명칭에 의문을 제기하고 은사를 논하는 대신, 내가 보기엔 현대의 일터 사역자들을 발굴하고 격려하며 준비를 갖추게 하는 과업에 몰두해야 할 것 같다. 이들이 바로 변화를 일으킬 사람들로서, 그들 대부분은 우리가 뭐라고 부르든지 별로 상관치 않는다. 그들은 이 일을 진행해 나갈 능력과 훈련 그리고 격려를 원한다.

불행히도 많은 사람들은 아직도 교회 벽 바깥에서 사역이 이루어진다는 생각을 받아들이지 못한다. 그들은 주일 아침에 어떠한 건물 안에서 모이는 것을 '교회'로 규정한다. 그러나 이런 시각은 지난 세월 동안 그리스도의 몸 안에서 발생한 사고의 변화(Paradigm Shift)를 무시한 생각이다.

성경에서 일어났던 사역이 회복되고 있음을 많은 사람들이 이해하게 되었다. 이 사실을 믿을 뿐만 아니라 그들은 보통 교회 구조 바깥에서 봉사하는 지도자들을 존중하는 구조 속에서 일한다. 그러므로 흔한 일은 아니지만, 그렇다고 특이한 일도 아니다. 이 사역을 믿고 권면하는 지도자들은 하나님 나라의 메시지가 선포되는 한 이런 교역자들을 언급하기 위해서 원하는 용어는 뭐든 선택할 것이다.

아직 다른 이들이 현실로 여기는 일을 많은 이들은 느리게 받아들이고 있지만, 끊임없이 성장하는 그리스도인 집단은 하나님께서 그들의 일터에서 하나님을 섬길 신자들의 군대를 양성하고 계심을 깨닫는다. 이것은 전통적이고 교회 중심적인 설교의 가르침과는 출발점부터 워낙 동떨어졌기 때문에 불이 붙으려면 시간이 필요하다. 하지만 교회가 훈련과 준비를 위해 성전 안에서 갖는 모임 이상이라는 인식이 점차 확산되고 있다. 이는 다른 사람을 가르치고 필요를 채우기 위해 공동체에 들어온 사람들을 포함한다. 사역이 주일날 예배를 넘어 확산되는 길도 이것이다.

피터 와그너(C. Peter Wagner)는 '핵심 교회'와 '확산된 교회'라는 용어를 사용해서 포괄적인 방식으로 이 개념을 설명한다. 그의 용어인 핵심 교회는 목회자, 등록 교인, 모임 장소, 프로그램과 활동 등이 있는 전통적인 집단을 말한다. 확산된 교회는 교인들이 세상, 즉 그들이 일하고, 학교에 다니고, 쇼핑하고, 나머지 한 주를 살아가는 곳으로 나아가는 것을 뜻한다. 이 용어는 우리가 그리스도의 몸을 하나의 건물 이상으로 파악하는 데 도움을 준다. 이는 월요일부터 금요일까지 일어나는 사역이 능력을 발휘하도록 길을 터 준다.

나는 이 내용에 대해 에드 실보소(Ed Silvoso)가 그의 책 「사업을 위한 기름부으심」(Anointed for Business)[1]에서 이야기했던 것을 「왕의 사역」 1권에서 서술했다. 일터 사역에서는 성직의 역할을 맡는 사람이 계속해서 나타난다. 데니스 피콕(Dennis Peacock)과 빌 헤이먼 감독 같은 유명한 선구자들을 배출해 온 이 운동은 1990년대 말에 대단한 힘을 얻고 그 여세를 몰아 그 특성이 전 세계적인 현상으로 나타나고 있다. 국제 일터 사역자 연합의 창립자인 오스 힐만(Os Hillman)은 미국에서만 1,200명 이상의 사역자들을 발굴했으며, 그들은 대부분 지난 10년 동안 꾸준히 발전해 왔다.

그 수가 상당해 보이긴 하지만, 세계를 여행해 보니 아시아에서의 일터 사역이 미국보다 앞서 가고 있음을 알았다. 유럽과 호주의 개인 지도자들도 미국을 앞지르는 중이다.

다섯 가지 은사

일을 사역의 개념으로 받아들이는 경향이 늘어나면서, 직장에서의 다섯 가지 은사라는 또 다른 현실적 사안이 현재 발생하고 있다. 오랫동안 교회는 선지자와 사도의 은사를 널리 인정하지 않은 상태로 활동해 왔다. 그러나 몇 년 전부터는 선지자 사역과 선지자의 역할이 좀 더 수용되기 시작하면서, 오늘날 그리스도의 몸 안에서 두 가지 은사는 뚜렷한 사역의 은사로 널리 인정되고 있다.

2004년 1월에 분명한 입장을 지닌 50명의 교회 지도자들이 「미니스트리즈 투데이」(Ministries Today)지의 발행인인 스티븐 스트랭(Stephen Strang)의 초청으로 플로리다 주 올랜도에서 모였다. 이 정상회의의 목적은 주로 도덕과 성실이라는 문제를 탐구하는 것이긴 했지만, 그들이 채택한 성명서에서 에베소서 4장에 나열된 다섯 가지 은사를 지지한 것은 의미 없는 일이었다. 속칭 '올랜도 성명'에 나타난 이 은사들에 대한 성명은 다음과 같다. "모든 다섯 가지 은사는 승천하신 예수 그리스도께서 이를 주신 날부터 계속 활동해 오고 있으며, 최근 30년간 사도적 사역과 선지자적 사역이 고조되고 있음을 확언한다…."[2]

이 직후에 하나님의 성회(Assemblies of God) 사무총장인 조지 우드(George Wood) 역시 「카리스마」(Charisma)지에 보낸 편지에서 현대의 사도와 선지자들의 존재를 확언했다. 피터 와그너와 다른 성회 지도자들 사이에 일어난 것으로 추정되는 논쟁(「왕의 사역」 1권에서 언급됨)에 대해 언급하면서 우드는 이렇게 기록했다. "현대의 사도와 선지자들의 존재가 비기독교적인 환경에 침투해서 교회를 세우고(사도) 기름부음받은 자로서 하나님 말씀을 선포하는(선지자) 임명받은 사람들을 의미한다면, 여기에는 실제로 이견이 있을 수 없다."[3]

사도들이 여전히 존재할 뿐 아니라 그들이 비기독교적인 환경에 뛰어들어 교회를 세우고 있다는 것을 우드가 인정한다는 데 주목하는 것도 흥미롭다. 여기에서 오늘날의 일터 사역보다 더 좋은 예를 떠올리긴 힘들다.

이런 이해의 변화 때문에 핵심 교회와 확산된 교회 모두 이 은사를 점차 실제로 받아들이고 있다. 이 일터 지도자들과 함께 일하고 그들에게 사역하면서 나는 다섯 가지 은사가 발휘되고 있음을 깨닫는다. 때로 자신의 일과 연관된 노력을 이야기하면서 이런 용어를 쓰는 사람을 만난다.

예를 들어, 어떤 남자는 자신이 사업을 시작할 때 늘 다섯 가지 은사를 염두에 둔다고 내게 말했다. 그는 자신을 회사를 시작하는 비전을 가진 사도라고 여기며, 다음 단계로 그는 목사를 사장으로 선출해서 모든 부서를 감독하고 직원들이 확실히 단합해서 일하게 한다. 그 다음에는 전도자를 데려와서 영업 부서의 장으로 앉힌다. 교사를 찾아서는 교육 부서를 담당하게 한다. 마지막으로 그는 선지자를 투입해서 각 부서 사람들이 그들 마음의 최고봉에 주님의 말씀을 간직하게 한다.

당신은 이런 설명에 동의할 수도 있고 동의하지 않을 수도 있다. 어떤 사람은 목사가 사장 사무실보다 인사관리부서에 더 적합할 거라고 말하기도 했다. 하지만 나는 이런 사업 지도자들이 자신의 기업을 확립시키는 데 높은 수준의 성경 철학을 사용하고 있다는 사실이 감탄스러울 뿐이다.

모든 다섯 가지 은사가 현재에도 이어지고 일터에서 더욱 두각을 나타낼 것이라 믿지만, 이 책에서는 일터 지도자들의 전반적인 사역에 초점을 맞추고 그들을 단순히 '일터 사역자'라고 부를 것이다. 와그너는 이렇게 말한다. "나는 재정, 기술, 의학, 산업, 교육, 군대, 정부, 법, 통신, 사업, 교통, 핵 과학, 농업 등 사회의 수많은 분야에 사도들이 존재한다고 믿는다. 이런 일터의 사도들이 하나님의 강력한 기름부으심 아래 올바른 자리를 찾아가고 있다면, 주의하라! 모퉁이를 돌면 바로 부흥이 기다리고 있을 것이다!"[4]

가장 단순한 진실은 이렇다. 내가 아는 대부분의 일터 사역자들은 직함을 원하지 않는다. 그들이 이런 명칭을 붙이는 데 꼭 신학적 문제가 있는 건 아니지만, 그들은 그런 용어들을 썩 좋아하지 않는 세상에서 일한다. 그건 괜찮다. 사람들은 누가 직함을 부여하거나 하나님의 뜻을 전했다고 해서 능력이 발휘되지는 않는다. 사람들은 그들에게 부여된 권위와 이를 뒤따르는 표징이 있을 때 효과적으로 일한다. 앞서 말한 올랜도 성명의 최종 선언은 이것이다. "우리는 그런 명칭에 꼭 필요한 특성과 은사를 나타내 보이는 사람들에게 그런 직함이 해당되는 것을 지지하지만, 그런 직함의 사용은 섬김의 필요에 종속된 것으로 그들이 섬기는 바로 그 직무나, 또는 누군가를 섬기도록 그들에게 주어진 은사에 혼란을 가져오거나 방해가 되지 않아야 한다."[5]

용어 규정하기

이 운동이 힘을 얻으면, 그 자체의 어휘를 만들어 낸다. 몇 년 전, 지역 교회의 외부 사역에 대해 이야기하기 시작했을 때, 나는 이런 일단의 사역자들을 아우를 수 있게 'Marketplace'(일터)라는 단어를 사용했다. 내 의도는 사업가, 고용인, 학교 교사, 노동자, 공무원, 가정주부 등 어떤 위치에서든 교회 중심의 사역 안에 들어오지 않는 이들을 포함하는 것이다.

하지만 어떤 관찰자들은 내게 Marketplace라는 단어 역시 이들을 포괄하지는 못하는 것 같다고 말했다. 샌디에이고에 근거지를 둔 '일하는 하나님의 교회'(His Church At Work)의 창립자 더그 스패다(Doug Spada)는 오스 힐만과 함께 더욱 포괄적인 단어로 'Workplace'(일터, 영어 원서에서는 대부분 Marketplace가 사용되지만, 자연스러운 한글 어감에 따라 Marketplace와 Workplace 둘 다 일터라고 번역-역자)라는 단어를 사용하도록 권면했다.

이 문제의 양 측면에서 여전히 논의가 계속된다. Workplace 라는 단어가 더 포괄적인 반면, Marketplace는 성경에 나타난 선례가 있다.

"또 제 삼시에 나가보니 장터(Marketplace)에 놀고 섰는 사람들이 또 있는지라"(마 20:3).

"아이들이 장터(Marketplace)에 앉아 서로 불러 가로되 우리가 너희를 향하여 피리를 불어도 너희가 춤추지 않고 우리가 애곡을 하여도 너희가 울지 아니하였다 함과 같도다"(눅 7:32).

"종의 주인들은 자기 이익의 소망이 끊어진 것을 보고 바울과 실라를 잡아 가지고 저자(Marketplace)로 관원들에게 끌어 갔다가"(행 16:19).

배관공은 일터(Marketplace)에서 자기가 맡은 사역이 무엇인지 잘 모르는 한편, 회사의 최고 경영자가 자기 일을 명확히 파악하는 것은 'Workplace' 보다는 'Marketplace' 에서다. 나는 목적에 따라 두 가지 단어를 섞어 쓴다. 나는 배관공과 최고 경영자 사이에 일터 사역자(Marketplace Ministers)가 존재한다고 믿기 때문에 이런 이해의 범주 속에 모두 다 포함시키고 싶다.

지금까지 일터 사역자의 구체적 역할과 자질, 책임에 대한 기록은 거의 없다. 와그너와 나는 최근 이 주제에 대해 한 번 더 대화를 나눴다. 이런 지도자들의 명확한 특징에 대해서 누가 책을 써야 할지 거론하면서 우리는 이 작업에 적합한 두세 명의 이름을 얘기하기도 했다.

기도하면서 며칠을 보낸 후, 하나님은 내가 들을 수 있도록 분명히 말씀해 주셨다. "책을 써라." 나는 더 자질이 있고 이 일에 부름받아야 할 다른 사람들이 있다고 주님께 여쭈었다. 그분은 대답하시기를 내가 그분이 처음 선택한 사람은 아니지만, 다른 사람은 아직 응답하지 않았다고 하셨다. 만일 내가 당장 그 일을 하지 않는다면 그분은 다른 사람을 또 찾으실 것이다.

이튿날까지 주님은 내게 일터 사역자의 일곱 가지 징표를 보여 주시면서 이 책을 빨리 쓰라고 명령하셨다. 나는 일터 사역자가 단지 직업을 갖고 있는 그리스도인이나 그저 종종 누군가에게 예수님을 전하는 사람이라고 여기지 않는다. 그들은 일터에서 자신이 미치는 영향을 통해, 즉 영향력의 영역 안에서 세상을 변화시키는 것을 자신의 소명으로 여기는 사람들이다.

내가 일터 사역자에 대해 이야기할 때, 나는 하나님이 그분의 일을 하도록 부르신 이들에게 주시는 기름부음과 권세를 이야기하는 것이다. 만일 자신이 선택만 한다면 이 군대에 들어올 사람들은 더 많이 있다. 이 책을 읽는 사람들 가운데 몇몇은 자신이 바로 이 역할을 할 사람임을 깨닫게 되리라. 다른 이들은 친구를 떠올릴 것이다. 많은 독자들이 믿음의 발걸음을 내딛는 결단을 내리고 나라를 변화시키는 강력한 팀에 합류하게 될 것이다.

당신이 이 아름다운 계획에 참여하는 곳이 어디든, 당신이 어디에 살든 나는 당신이 이 도전을 받아들이길 권면한다. 당신이 한 걸음 진일보할 때는 바로 지금이다. 당신의 일터는 당신의 헌신을 필요로 하며 당신의 국가와 세계도 마찬가지다. 하나님께서는 세상으로 들어가 그분의 성령과 동행하도록 당신을 부르고 계신다.

Chapter 3
The Signs of a Marketplace Minister

일터 사역자의 징표들

"너희는 사도들과 선지자들의 터 위에 세우심을 입은 자라
그리스도 예수께서 친히 모퉁이 돌이 되셨느니라
그의 안에서 건물마다 서로 연결하여 주 안에서 성전이 되어가고"(엡 2:20-21).

1980년대 초에 밥(Bob)과 바비 스테드맨(Bobbie Stedman) 부부는 당시 캘리포니아 샌어제이에서 우리 부부가 목회하던 교회에 출석했다. 잘나가는 사업체의 소유주인 밥과 그의 아내는 우리 교회의 생활에 깊이 관련을 맺었다. 사실, 그들은 새로이 발견한 믿음과 그리스도의 사랑에 가슴이 벅차 자신들이 '사역에 뛰어들어야' 한다고 믿었다. 우리는 밥에게 사업 경영자의 자리가 어떠냐고 제안했고, 그들은 자신의 사업체를 처분하고 새로운 여정에 들어섰다.

그런 열정을 품고 들어섰던 일은 결국 재앙으로 끝나고 말았다. 바비는 오락을 좋아하는 남편이 점점 차분하고 진지해지는 것을 지켜보며 불안을 느꼈다. 그의 문제는 무엇이었던가? 그는

자신이 머릿속에 품은 바람직한 그리스도인 경영자의 이미지에 스스로를 맞추려 했다. 거기다 어울리지 않는 직책에서 섬기다 보니 건강에 위협이 되는 스트레스만 쌓여 갔다. 결국 그는 안정을 찾기 위해 약물치료를 해야 할 지경에 이르렀다.

약물치료를 그렇게 자주 했지만, 약은 문제를 치료하지 못하고 그냥 덮어 버렸다. 밥은 점점 약물에 의존하게 되었고 그의 우울증은 깊어만 갔다. 그는 자살을 시도한 후에 정신병원에서 3주 동안 신세를 져야 했다. 퇴원한 후에 밥은 몇 달간 일하지 않고 연장 트럭 운전수로 임시직을 얻었다.

1990년, 한 친구가 밥에게 자신과 함께 사업을 해 보자고 했다. 몇 달 뒤에 그들은 긴밀한 동업 관계를 유지하면서 따로 자신들의 회사를 차렸다. 또다시 밥의 경영 기술이 한껏 빛을 발했다. 자신이 일할 적소를 발견하자, 그의 사업은 번창했고 가족들의 생계를 유지하기에도 충분했다.

그때 보험 사업을 시작하던 남 캘리포니아의 한 친구가 사업을 함께하자며 밥과 그의 동업자를 초청했다. 처음에 밥은 여기에는 부업을 하는 정도로 힘을 쏟고, 대부분의 힘을 이미 자리 잡은 사업에 쏟았다. 하지만 하나님이 이 부업을 축복하셔서 그와 바비는 일주일에 며칠은 남 캘리포니아 일대를 여행하게 되었다. 하지만 안타깝게도 그들의 교회 생활은 점점 악화되고 있었다. 이전에는 예배, 특별 모임 및 회의에 성실하게 참석했지만, 이렇게 출장을 다니다 보니 사역과는 소원해지고 고립되는 느낌이 들었다.

1997년 어느 주일부터 나는 하나님께서 어떤 이들에게는 그들의 일을 사역의 장으로 주신다는 소명을 강조하며 왕과 제사장에 관한 설교를 1년 가까이 하게 되었다.

이 설교가 스테드맨 부부의 마음에 강하게 와 닿았다. 바비는 이렇게 회상한다. "저는 손주를 데리고 교회 뒤편의 자모실에 있었어요. 제가 듣고 있는 말씀에 얼마나 마음이 뛰던지, 창문으로 머리를 내밀고 예배당에다 '할렐루야!'를 외치고 싶은 심정이었죠. 바로 이것이 우리가 찾던 대답이었어요. 우리는 왕들이고, 우리의 일이 곧 우리의 사역이었던 거예요."

이 재능 많은 부부는 하나님께서 그들에게 부여한 책임과 특권을 민감하게 인식했고, 그들은 주님께서 그들이 하는 사업의 주인이며 최고 경영자이심을 깨달았다. 그들이 어디를 가든 하나님은 그들이 다른 이들에게 사역할 기회를 만들어 주실 것이다. 밥은 캘리포니아 전역에서 활짝 열린 문을 발견했고 여러 고객과 동료들의 필요를 위해 기도하면서 사업을 이끌어 나갔다. 여태껏 기도하자는 제안을 거절한 사람은 아무도 없었다.

"우리 사업은 번창해 왔고 지금은 예상했던 수익을 올리고 있어요." 바비의 말이다. "우린 일찍이 재정에 대한 하나님의 원리를 깨닫는 복을 받았습니다. 하나님을 대신해서 베푸는 사람이 될 수 있다는 건 우리에게 주어진 크나큰 축복이지요. 살면서 우리 인생을 향한 하나님의 계획을 매일 실행해 나가는 건 정말 짜

릿한 일이에요. 하나님의 인도를 받아들이기만 한다면 우리가 어디 있든 그분은 우리와 함께 일하세요."

그렇다고 스테드맨 부부가 교회에 등을 돌렸다는 뜻은 아니다. 요즘 그들은 회중의 교육 사역에 동참해서 하나님께서 그들에게 주신 비전을 나누며 사람들이 자신이 속한 일터에서 하나님을 섬기도록 권면하고 있다. 바비는 말한다. "당신이 무슨 일을 하든 온 마음을 다해서 하세요. 하나님이 당신에게 무슨 일을 시키시고 누구와 만나게 하실지 매일 그분께 물어보세요."

그들의 이야기에서 말하는 핵심은 모든 이들이 교회 속에서 하나님을 섬기도록 정해지지는 않았다는 것이다. 그리고 하나님은 어디서든 그분의 백성을 필요로 하신다. 사회를 이루어 살기에 우리는 반드시 일터에서 이 부분을 이해해야 한다. 엔론(Enron), 월드컴(World Com), 또 여타의 성실치 못한 기업들의 몰락으로 미국과 전 세계 사업계가 흔들리는 경험을 겪어야 했다. 엔론의 전 이사인 아만다 마틴(Amanda Martin)은 이런 말을 했다. "처음에는 환상적이었습니다. 추종자들을 이끌며 전진했고, 우리에게 넘어오는 개종자들도 많았어요. 우리는 사도였고, 옳은 쪽이었죠."[1]

이런 내적 자신감에도 불구하고 욕심 많은 기업 경영자들의 허위가 밝혀졌고, 사도로 자처한 그들의 주장은 진실이 드러나자 빛을 잃었다. 오늘날 진짜 사역자로 나라를 변화시키는 사람들은 지역 교회와 일터 교회에 모두 존재한다. 그들은 전통적인 교회 내의 프로그램을 구성하며 목회 팀을 이끌든, 사회 구석구석으로 확장된 교회에서 역할을 감당하든 서로 비슷한 은사와 기능을 발휘하는 듯하다.

어떤 사람들은 교회를 사업체처럼 운영하거나 그 반대로 사업체를 교회처럼 운영할 필요가 있다고 강조한다. 사실 우리는 그어느 쪽도 필요 없다. 나는 사업 지도자들이 자신의 사업체를 교회처럼 운영해야 한다고 설득할 생각은 없다. 내가 말하려는 것은 모든 그리스도인들은 어디에 있든 하나님의 나라를 위한 노력에 집중해야 한다는 사실이다. 당신이 사업체, 정부, 매체, 과학계, 의료계, 교육계, 가정 생활이나 교회 등 어디에 처해 있든, 모든 분야가 하나님 나라의 관심사를 반영한다. 하나하나가 고귀한 소명이다. 각 영역에는 비전을 가진 사람들이 존재한다. 이런 사람들이 현대의 일터 사역자들이다.

일터 사역자들

나는 최근 바베이도스에서 하나님이 다스리시는 어떤 훌륭한 회사를 위해 교육연수를 할 기회가 있었다. 이 회사의 사장은 존경받는 일터 사역자, 키핀 심슨이다. 그는 카리브 해 국가와 영토 안의 모든 사업체와 또 영국과 미국에도 여타 사업체들을 소유하고 있다. 그가 교육을 하는 목표는 관리자들의 팀 구축, 문제 해결, 갈등 해소 같은 기술능력을 고양시키는 것과 아울러 그들의 마음 깊은 곳에 전적으로 성경을 바탕으로 한 원리와 가치들을 심어 주는 데 있다. 우리는 회의적인 태도를 취해 온 사람들도 잘 받아들일 수 있는 용어로 무난하게 교육할 수 있었다.

오로지 심슨 사장의 삶이 그의 직원들과 실제로 국가에 미친 영향 때문에 이런 일이 가능했음을 나는 안다. 그는 최근에 자신의 나라에서 명예 박사학위를 수여받고 졸업 연설을 해 달라는 부탁을 받았다. 사람들은 그가 "제가 졸업생들에게 훌륭한 교수님들이 가르친 것보다 더 유익한 얘기를 해 줄 수 있을지는 잘 모르겠습니다. 하지만 예수님에 대해서는 말씀드릴 수 있습니다"라고 얘기하자 그에게 박수를 보냈다.

나는 「왕의 사역」 1권에서 이런 말을 했었다. "앞으로 다가올 부흥에 있어서 우리는 시장(Marketplace)지역에 있는 사도적인 지도자를 알아볼 필요가 있다. 하나님께서는 그들이 일터(Marketplace)에서 사역하게 될 다섯 가지 은사를 그들에게 보여 주시기 시작하실 것이다."[2]

2002년 기독교 국제사역 네트워크의 설립자인 빌 헤이먼은 「성도들의 날」(The Day of the Saints)이라는 책을 썼다. 이 책은 일터 사역자의 역할이 무엇인가를 이해하는 데 큰 도움이 되었다.

예수님의 사역에 대해 기초적인 연구를 해 보면, 그분이 함께 일할 사람들을 장터에서부터 부르기 시작하셨다는 사실을 알게 될 것이다. 그들은 보통 '열두 제자'로 불린다. 그들은 늘 그렇게 구별되지만, 그들이 신약성경에 나오는 유일한 사도들은 아니다. 성경에는 열한 제자의 이름이 더 나열돼 있으며(그중 하나가 유니아라는 여자다) 이 외에도 이름이 밝혀지지 않은 많은 사도들이 있다.

일터 사역자의 사역이나 은사는 열두 제자에서 마감되는 것이 아니었다. 이제 우리는 이것이 21세기의 우리에게 어떤 영향을 미치는지 알아봐야 한다.

나는 35년간 지역 조합 교회를 섬겨 왔다. 그 많은 세월 동안 나는 하나님의 사역자라면 교회 구조 속에서 우선 발견될 것이라고 생각해 왔다. 하나님은 최근에서야 나를 부르셔서 하나님 당신이 최전방으로 불러낼 일터 지도자들을 대상으로 사역하며 그들과 함께 섬기라고 하셨다. 좀 미심쩍겠지만, 이 일로 나는 여태껏 내가 전통적인 방식으로 해석하던 성경 말씀의 많은 부분을 다시 살펴보게 되었다. 이제 나는 하나님께서 어떻게 일반적으로 '전문' 사역자들로 여겨지지 않는 사람들을 통해 세상 속에서 일하시는지 알아 가는 중이다. 이렇게 생각이 바뀌어 가면서 나는 일터 사역자라는 존재를 받아들이게 되었다.

우리는 원래 예수께서 "나를 따라 오너라"고 부르시기 전에는 열두 사도가 자신의 생업에 종사하고 있었음을 안다(마 4:19). 베드로는 어부였으며 마태는 세리, 누가는 의사, 이런 식으로 말이다. 하지만 어떤 가정(假定)들이 성경 해석에 대부분 개입되다 보니 우리로 핵심적인 특징을 놓치게 만들었다. 대중에게 전해진 대부분의 성경 가르침은 소위 전문 사역자들로부터 유래된 것이다. 그들은 성경 학교와 세미나에서 가르치고 강단에서 설교하며 성경 연구 지침으로 사용되는 주석을 쓰는 이들이다. 대개 그들은 성경을 일터의 시각으로 바라보지 않는다. 대신 그들은 늘 참고해 왔던 전통적인 구조, 핵심 교회를 의지한다.

놀라운 일은 아니지만, 그들이 하는 성경 교훈의 대부분은 일터에 초점을 맞춘 것이 아니다. 마태복음 4장 19-20절을 보면 예수님은 베드로와 그의 형 안드레에게 이렇게 말씀하셨다. "나를 따라 오너라 내가 너희로 사람을 낚는 어부가 되게 하리라 하시니 저희가 곧 그물을 버려 두고 예수를 좇으니라."

주님을 섬기도록 베드로를 부르신 일에 대한 설교를 들을 때, 보통 세 가지의 가정이 포함된다.

1. 베드로는 더 존경받는 전업 복음 전도자로서의 소명을 위해 낮은 차원의 직업적 소명인 고기 잡는 일은 버려두었다.
2. 베드로가 자신의 옛 생활방식을 유지하고 그리스도께서 부활하신 후 다시 고기 잡으러 돌아갔을 때 그는 퇴보한 것이다.
3. 이 말에 의심이 간다면, 요한복음 21장 3절의 "시몬 베드로가 나는 물고기 잡으러 가노라 하매"에 대한 주석을 읽어 보라.

우리 주님이 십자가에 달리시기 전에 그분과 제자들의 이 땅에서의 필요는 개인들의 호의에 의해 공급되었던 것 같다(눅 8:3). 십자가 사건에 대한 불명예로 이런 지원의 원천이 막히자 제자들은 어떻게 직업을 구해야 할지 확실히 몰랐으므로 생계를 유지하기 위해 자신들의 이전 직업인 어부로 돌아가려고 했다. 그래서 요한복음 21장 2절에 나온 일곱 제자들은 디베랴 바다, 다르게는 갈릴리 바다로 불렸던 그곳에서 배를 탔던 것이다.[3]

소명 다시 생각하기

하지만 진리를 충분히 이해하기 위해 그냥 이야기의 끝을 볼 수는 없다. 요한복음 21장에 초점을 맞추는 대신 우리는 최초에 사도들이 부름받은 장면을 보아야 한다. 또 다른 해석을 찾기 위해서는 시작된 지점으로 돌아가야 한다. 위에서 말한 대로 마태복음 4장 19-20절에서는 그들이 즉시 그물을 버려두고 그리스도를 좇았다고 말한다. 이 말은 그들이 자신의 생업을 버리고 앞으로 3년 동안은 돌아오지 않을 생각이었단 말인가? 그들은 더 이상 직업에 종사하지 않고 고기 잡는 일을 과거의 일로 돌린 채 더욱 고상한 전도의 소명을 따랐단 말인가?

오랫동안 이것이 아주 보편적인 해석이 되어 왔다. 그러나 더 자세히 살펴보면 여기에는 몇 가지 결점이 있다.

1. 무엇보다 예수님은 모든 사람이 그분을 따르길 원하신다.

이는 기독교 신앙을 세우는 기초이며 성경에 바탕을 둔 모든 가르침에 근본이 된다. 하나님께 반응하는 것이 자동적으로 자신의 직업을 그만둬야 한다는 뜻이라고 생각하면 크나큰 해를 끼치게 된다. 많은 사람들이 자신의 직업이나 직업상 역할을 벗어던지고 교회의 임원이 되거나 교회 단체(Parachurch) 사역에 참여해 왔다. 일반적으로 만연한 이 생각 때문에 그들은 이것이 하나님께 순종하는 유일한 길이라고 생각했던 것이다. 결과적으로 우리는 너무나 많은 사람들이 자신들이 기름부음받은 영역이 아닌데도 자신들의 소명을 직업적 사역에서 이루려 애쓰는 것을 보아왔다.

교회에서 유급이든 자원봉사든 맞지 않는 역할을 맡게 되면 영락없이 기력이 소진되기 마련이다. 이는 또한 공동체인 교회에 혼란을 일으키며, 그중 어떤 것도 전임 사역자들을 지원하는 막대한 노력의 대가는 못 된다. 다행히 일터 사역 모델의 발전을 통해 자신의 직업으로 주님을 섬기도록 부름받았다는 사고방식이 강조되었다.

2. 베드로가 자기 직업을 내버려 두고 부활 이후에야 돌아왔다는 생각에는 문제가 있다.

예를 들어, 어느 날 예수님과 베드로에게는 세금을 낼 돈이 필요했다. 아마 마태복음 17장 25-27절에 나오는 이야기가 기억날 것이다. 예수님은 베드로에게 가서 물고기를 잡으면 물고기 입에서 두 사람 몫의 정확한 돈을 발견하게 될 거라고 가르쳐 주셨다. 그렇다면 이것은 놀라운 기적이다. 하지만 어떻게 뒤집어 보아도 이 기적은 베드로의 직업과 연관이 있다. 그는 생업으로 물고기를 잡았던 사람이다. 그 일은 숨 쉬고 먹는 일처럼 아주 자연스럽고 평범한 것이었다. 그래서 예수님은 그의 직업을 통해 그의 필요를 공급하기로 하신 것이다.

오늘날도 마찬가지다. 자원을 얻는 방법, 즉 세금을 낼 돈을 얻는 길은 일을 통해서다. 주님은 일에 관해서 많은 말씀을 하셨고, 나아가 바울은 이렇게 기록했다. "우리가 너희와 함께 있을 때에도 너희에게 명하기를 누구든지 일하기 싫어하거든 먹지도 말게 하라 하였더니"(살후 3:10). 예수님이 베드로에게 그의 일을 통해 세금을 얻게 하신 성경의 가르침과 일관된 맥락이다. 이것은 기적의 힘을 부정하는 것이 아니다. 오히려 기적을 이끌어 내는 것이다.

무슨 뜻인가? 만일 당신이 하나님께서 당신에게 특별한 기적을 베푸시길 기대한다면, 로또나 도박 같이 터무니없는 방법으로 얻겠다고 기대하게 될지도 모른다. 하지만 하나님은 눈먼 행운을 가져다주는 하나님이 아니시다. 만일 하나님이 당신의 일을 통해 행하시는 기적을 분별할 수 있다면, 당신은 그분이 창조적인 아이디어와 구체적인 거래처, 정교한 발명품을 공급해 주시리라 믿게 될 것이다. 당신은 필요한 자원을 얻게 될 것이다. 이것 역시 기적이지만, 하나님께서 당신의 생계를 영위하도록 부르신 직업의 상황에서 생기는 기적이다.

3. 만일 베드로가 3년 동안 직업을 떠나 있었다면, 주님이 부활 후 나타나셨을 때 그는 어떻게 그물이 찢어지는 일 없이 그 많은 고기를 잡을 수 있었겠는가?

베드로가 직업 어부였을 때, 주님은 그에게 그물을 배 이편에 던지라고 말씀하셨다. 베드로가 시킨 대로 하자 고기가 너무 많아 그물이 찢어질 지경이 되었다(눅 5:6 참조). 그렇지만 일반적인 가르침대로라면 그는 3년 동안 고기 잡는 일을 손 놓고 있다가 어마어마한 양의 물고기를 잡은 것이다. 그 수가 153마리나 되었지만, 그물은 찢어지지 않았다고 성경은 말한다(요 21:11 참조).

직업상으로 말하면 이것은 전혀 앞뒤가 맞지 않는다. 직업 어부들은 자신의 그물이 최상의 상태인지 확실히 점검할 것이다. 그들은 매일 그물을 수선해서 최고의 상태를 유지하고 늘 더 많은 어획을 하기 위해 바다로 나갈 준비를 할 것이다. 하지만 우리는 베드로가 약해진 순간, 옛 직업으로 돌아가기로 최종적인 선택을 했다고 믿게끔 인도돼 왔다. 3년의 공백기간 동안 그의 그물은 제대로 관리되지 않았을 텐데도 그들은 대단한 양의 어획을 할 수 있었다. 표현하기는 좀 그렇지만, 이 물고기 얘기에 의심스런 냄새가 나지 않는가?

이제까지 얘기를 늘어놓은 것은 중요한 점을 지적하기 위해서다. 첫 제자들은 모두 직업인들이었으며, 그들 중 몇몇(또는 모두)은 그리스도를 따르는 소명을 이행하는 동안에도 자신의 직업 활동을 계속했다는 사실이다. 지상명령(마 28:18-20)이 전 세계로 나아가 제자를 삼는 것이라고 들었을 것이다. 하지만 더 정확하게 말하면 이렇다. "너희가 온 세상 가운데 나아갈 때, 제자가 되리라." 그리스도께서 따라오라고 부르시는 소명이 똑같은 모양으로 따라가는 것을 뜻하는 걸까? 다시 말하자면 이렇다. "너희들의 직업을 포함해서 매일 맡은 과업을 수행하는 가운데 나를 따라오너라."

일터 사역자들

성경을 통해 우리가 알 수 있는 바에 의하면, 사도 바울은 자신의 천막 짓는 일을 결코 그만두지 않았다. 누군가 바울에 대해 이렇게 말하는 것을 들은 적이 있다. "그는 다른 이를 후원하도록 독려했지만, 자신이 '전임 사역'에 뛰어든 적은 없었다. 그는 자신의 생계를 위해 자신이 하던 일을 부업으로 계속해야 했다." 이 말을 가르친 이들은 삶의 직업적 측면은 전임 설교자가 되는 더욱 고상한 소명과 비교할 때 부차적인 일이라는 뜻을 함축한다. 하지만 내가 바울의 사역에 대해 읽어 보니, 그의 직업은 복음을 전하는 데 열린 문의 역할을 해 주었다. 이를 통해 그는 많은 사람들을 그리스도께 돌아오게 했던 것이다.

이렇게 얘기하면, 첫 사도들이 일터에서 부름받았을 뿐 아니라 그들 역시 일터 사역자였음을 알 수 있을 것이다. 사실 일터 상황에서 사역자가 되는 것이 핵심 교회 상황에서의 사도보다 더욱 성경적일지 모른다(교회에서 그런 생각을 너무 큰 소리로 얘기하고 다니면 다음 번 실무회의에서 제명될지도 모른다!).

나는 핵심 교회에 지나치게 초점을 맞추고 싶지는 않지만, 현대 교회가 신약성경을 그대로 옮겨 온 것은 아니라는 데 다들 동의할 것이다. 그런데도 우리는 익숙한 운영 구조에 만사를 맞추려 애쓴다. 잘 맞아 들어가지 않는 경우가 많다고 해서 굳이 놀랄 이유가 있는가?

오해하지 말기 바란다. 나는 교회를 사랑한다. 나는 오늘날 교회가 채택하는 모든 새로운 구조들에 대해 하나님께 감사한다. 이 세상의 나라와 사회에서 효과적인 목소리를 내는 데 크게 한 걸음 내딛게 해 주신 하나님을 찬양한다. 그럼에도 다섯 가지 은사를 깨달아 일터에서 활동하고 그곳에서 사역할 사람을 훈련시키는 교회는 훨씬 더 능력 있고 효과적임을 강력히 주장한다.

현대의 일터 사역운동에 대해 읽으며 나는 흥분되었다. 이유가 무엇인가? 하나님이 우리를 놀라게 하실 일이 끝나지 않았다는 것을 알기 때문이다. 어떤 기사나 사회적 이슈나 비성경적인 이익집단들이 우리를 꽁꽁 졸라매도(그래서 걱정할 일이 많다 하더라도) 나는 여전히 하나님의 위대하시고 능력 있는 역사하심을 찾아 나선다. 나는 그분이 영적 은사들을 회복시키시고 적절한 사람들이 그분의 일을 완수하도록 능력 주심을 안다.

데이비드 카트리지(David Cartledge)는 그의 책 「사도의 혁명」(The Apostolic Revolution)에서 표적과 기사, 치유, 기적들, 교회 개척, 고난, 천사의 방문, 그리스도를 친히 만남, 권세, 희생, 교회에 대한 감독과 판결, 징계를 시행하는 등 진짜 사도에게 나타나는 성경의 표징들 목록을 나열한다.[4]

예수님은 사도적 사역의 완벽한 본보기였던 반면, 바울은 그의 인생 가운데 이런 표징들을 모두 성취했다고 카트리지는 계속해서 설명한다. 이는 사도의 표징이 첫 열두 제자를 넘어 확산되었음을 분명히 보여 준다. 또 이는 바울처럼 일터 사역에 적극적인 사람은 이런 표징을 나타낼 수 있음을 보여 준다. 오늘날에도 주님께서 이런 일터 사역자들을 쓰셔서 주님의 교회를 일터에 세우실 때 이런 표적과 기사를 보게 될 것이다.

뒷부분에서 나는 일터 사역자의 일곱 가지 표징이라고 믿는 바를 정리해 볼 텐데, 이는 다음과 같다.

1. 표적과 기사
2. 권세
3. 굴레를 깨기
4. 부의 이전
5. 하나님의 음성 듣기
6. 성경적 기업들
7. 세계 선교

이런 표징들은 더욱 명백해서, 이들은 세상을 뒤흔드는 하나님 나라의 변화와 승리를 가져올 것이다. 만일 미래를 잠깐이라도 보고 싶다면, 하나님께서 일터에 그분의 능력 있는 사역자들을 파견하실 때 다가올 하나님 나라의 변화를 생각해 보라. 「하나님의 요소」(The God Factor)라는 훌륭한 책에서 마커스 헤스터(Marcus Hester)는 앞으로 미래에 펼쳐지리라 예상되는 경향을 포괄적인 목록으로 재정리했다.

· 교회가 교회 건물 바깥에서 사역하기 시작할 때 기사와 기적을 더욱 놀랍게 경험할 것이다. 사람들은 일터와 학교,

정치적 환경에서 점차 기적이 늘어나는 것을 목격할 것이다.

· 하나님 나라의 전진을 위해 의도된 부가 교회로 옮겨지면 하나님 나라를 위한 재정을 관리하는 은혜가 넘칠 것이다. 하나님의 마지막 때 영혼 추수를 위한 기금 마련을 위해 요셉/다니엘 회사가 세워질 것이다.

· 일상생활에서 성인들은 일터 경영자이자 사역자(이중의 소명)의 위치를 차지하게 될 것이다. 단독 사역은 더 이상 존재하지 않게 될 것이다. '전임 사역'이란 용어는 선택된 소수를 말하기보다는 그리스도의 몸 전체를 가리키는 말이 될 것이다. 그리스도의 몸의 사역은 교회의 정상적인 기능이 될 것이다.

· 그리스도의 몸을 훈련시키고 하나님 나라의 재정을 관리하는 재정 분배기구가 대부분의 복음주의 교회에서 주류를 이루게 될 것이다. 사회적, 정치적 필요가 증가함에 따라 많은 도시들이 재정적 안내를 교회에 의존하게 될 것이다.

· 교회에 재정 및 일터 사역자를 위한 사역자라는 새로운 직책이 출현할 것이다. 현대의 복음 전하는 자, 교사, 목사, 선지자, 영역별 사도들이 오늘날에도 존재하듯이, 일터의 사도들은 그리스도의 몸 안에서 인정될 것이다. 교회에서도 지금이 제2의 사도 시대라고 알고 있듯이, 하나님의 새로운 통치는 핵심 교회와 확산된 교회에서 일어날 것이다.

· 하나님 나라의 지혜 센터는 대부분의 복음주의 교회에서 주된 현상이 될 것이다. 마지막 때 하나님의 영혼 추수에 대비해 일터 지도자들을 준비시키는 훈련 센터가 전 세계

교회에서 발흥할 것이다.

· 다섯 가지 은사를 가진 사역자들은 단지 '절실한 필요'에 대한 메시지를 전하는 대신 자신들의 역할을 교육자와 훈련자로 가정한다. 지도자들은 자신들의 진정한 소명(일터 경영자와 사역자)을 알아챌 것이다. 교회는 전체를 속속들이 뒤흔들 리더십의 전환을 경험케 될 것이다.

· 교회와 일터의 분리는 희미해질 것이다. 하나님과 그분의 가르침은 학교, 일터, 정치권으로 다시 흡수될 것이다.

· 한 가지 직분이 우위를 차지하는 대신 성도들이 그리스도의 몸의 각 지체의 역할을 감당함으로써 '성직자'와 '평신도'라는 용어는 사라질 것이다. 영적 권위의 질서는 여전히 존재하지만 누가 누구보다 우월하다는 사고방식은 존재하지 않을 것이다.

· 그리스도인들은 정치적, 사회적 사업과 군 영역에서 새로운 지도자 역할을 감당하게 될 것이다. 하나님의 요소는 사회에서 사회와 일터의 문제를 해결하는 합리적인 도구로 받아들여질 것이다.

· 도시가 변화할 것이다. 도시 전체가 부흥을 경험하고 하나님께 돌아오게 될 것이다. 다시금 사도행전에 일어났던 기적들이 보편적인 것이 될 것이다.

· 주님을 경외하는 일이 많은 사람들의 삶에 실제로 구현될 것이다. 그리스도인들은 큰 박해를 받게 되나, 역사상 어느 때보다 더 많은 사람들이 그리스도인이 될 것이다.

· 중보 기도자들이 일터에 등장할 것이다. 직장들을 위한 기도 덮개와 전략적 기도의 필요성이 오늘날 교회와 그 지도

자들을 위한 기도처럼 일반적인 것이 될 것이다. 일터 중보자들은 직장을 위해서만이 아니라 일터에 물질과 사람이 넘쳐나게 기도하도록 다른 이들을 훈련시킬 것이다.

· 그리스도의 몸에서 발생하는 개인적 간증들은 일터 사역운동을 지속시키는 주된 요소가 될 것이다. 하나님이 사람들의 삶을 통해 어떻게 일하시는지를 설명하는 것은 교회의 다른 모든 이들이 이 운동에서 자신들의 이중 소명을 이행하는 데 도움이 될 큰 믿음을 불어넣을 것이다.[5]

이런 놀라운 일이 발생하는 것을 볼 준비가 됐는가? 이 일곱 가지 표징들은 당신을 축복의 세대로 이끌도록 도울 것이다.

Chapter 4
Signs and Wonders

4장

표적과 기사

"사도의 표 된 것은 내가 너희 가운데서
모든 참음과 표적과 기사와 능력을 행한 것이라"(고후 12:12).

래리 아일(Larry Ihle)과 딕 호흐라이터(Dick Hochreiter)는 지난 6년 간 내가 세계를 여행하면서 만났던 두 명의 일터 사역자들이다. 그들은 하나님이 그들을 이끄시는 대로 어디든 순종하며 나아가고, 그런 가운데 약 2천 년 전 바울이 이루었던 그 일을 해 나가고 있다.

래리는 미네소타 주 파밍턴에서 치과 기공업체를 운영하고 있다. 캘리포니아 주의 팜스프링스 근처에 사는 딕은 예전에 오토바이 의류 제조업체를 운영했다. 그는 이제 기름부음에 관련된 다양한 제품들을 생산해서 세상 속에서 기도하고 증거하는 일을 권면하는 기도 회사를 운영한다. 이 두 직장 사역자는 알바니아, 타이, 필리핀, 아르헨티나 그리고 고향 근처에서 하나님의 일을 한다. 어디에 위치를 정하든 늘 기적이 그들을 따른다. 그들은 하리라 말씀하신 일을 이루시는 예수님의 능력을 믿기에 사람들이 치유되고 특별한 표적들이 그들과 함께하도록 기대하며 기도한다.

한때 우리는 마닐라에서 모였다. 나는 전직 사업가이자 복음 전도자인 에드 실보소와 함께 그리스도로 도시를 복음화하려는 주제의 컨퍼런스에서 강연하기 위해 그곳으로 여행했다. 우리가 이 주제를 논의할 동안, 래리와 딕 그리고 종종 그들과 같이 여행하며 사역하는 스코트 킬버(Scott Kilber) 목사가 일터 사도로서 사역하기 위해 호텔에 머물렀다.

어느 날 엘리베이터에서 그들은 미국인 호텔 지배인을 만났다. 자신들을 소개하고 그곳에 온 이유를 설명한 뒤 그들은 지배인에게 기도 제목이 있느냐고 물어보았다. 그는 고개를 흔들더니 이렇게 대답했다. "그저 텔레비전 시스템이 다시 작동되도록 기도해 주세요." 케이블 텔레비전 작동이 정지됐을 뿐 아니라 수리공은 다시 정상으로 작동되려면 2주일이 걸릴 거라고 판단을 내렸던 것이다. 당연한 일이지만, 많은 손님들이 짜증을 냈다. 래리는 고개를 끄덕이며 말했다. "좋습니다. 우리가 기도해 드릴게요."

방으로 돌아가서 래리가 말했다. "난 사실 방송 시스템이 당분간 작동하지 않아도 별 상관 없어요. 하지만 우린 지배인에게 필요한 일이 없느냐고 물었고, 방송 시스템이 다시 복구되는 게 그의 필요라니, 이 문제에 대해 기도합시다." 한 시간 후에 지배인이 그들의 방으로 전화해서는 자신의 요청이 응답되었다며 그들에게 감사했다. 텔레비전 시스템이 정상으로 돌아왔고, 제대로 잘 작동되었던 것이다. 그는 끝에 이런 말을 했다. "혹시 필요한 게 있으시다면, 뭐든 알려만 주세요."

래리는 딕에게 말했다. "필요한 게 있어요. 그를 주님께로 인도해야겠어요."

그들은 지배인의 사무실로 가서 문을 두드렸다.

"어서 들어오세요." 지배인은 미소를 가득 지으며 그들을 맞이했다. "무엇이 필요하신가요?"

"어떻게 케이블 텔레비전 방송 시스템이 고쳐졌는지 말씀드려야 할 것 같아서요." 래리가 말했다. "우리는 우주를 정비하신 하나님께 기도했어요. 그분은 당신을 너무나 사랑하셔서 당신을 위해 그 일을 하신 겁니다. 그분을 알고 싶으신가요?"

"네, 그러고 싶어요."

그래서 그들은 계속해서 복음과 그리스도께서 그를 위해 희생하신 것에 대해 설명했다. 그 지배인은 예수 그리스도를 구주와 주인으로 영접했고, 그뿐 아니라 그 컨퍼런스가 끝나기 전에 래리와 딕과 스코트는 35명이 넘는 직원들을 그리스도께로 인도했다. 나는 사람들에게 에드 실보소와 내가 컨퍼런스를 인도했지만, 같이 여행한 이 사람들은 표적과 기사를 행했다고 말했다. 우리의 체류 기간이 끝나기 전에 이 새로운 개심자들은 호텔 내에서 교회를 시작하기로 결심하고 이전에 그리스도인이었다가 타락한 식당 지배인을 그들의 목사로 선출했다. 그 주에 그는 하나님께 자신의 삶을 다시 헌신했던 것이다.

이 새로운 그리스도인들은 그들의 새 목회자의 여자친구를 주님과 올바른 관계로 인도하고 그들을 결혼하도록 설득해야 했다. 그들은 이미 동거를 해 오던 사이였고, 교회는 그들의 목자가 부정한 관계를 유지하는 걸 원하지 않았다. 내가 이 얘기를 나누면 언제나 반발에 부딪힌다. 그리스도인들은 자신들의 신학적 반대를 늘어놓기 시작하면서 이렇게 말하곤 한다. "그런 사람은 교회에서 목회할 수 없어요." 아니, 할 수 있다. 이 새로운 그리스도인들에게 그는 연결 가능한 가장 영적으로 성숙한 사람이었다.

래리와 딕이 그들에게 세례는 받았느냐고 물어보았다는 얘길 하자, 실보소가 말했다. "그들에게 세례받을 거냐고 묻지 말고, 그들이 해야 할 일을 얘기해 주세요. 당신은 그들의 지도자입니다. 당신은 그들의 목사예요. 그들에게 필요한 일을 말해 주세요."

그들이 이 얘기를 새로운 그리스도인들에게 전하자 그들은 세례받는 데 동의했다. 하지만 세 명의 미국인들은 다음 날 아침 7시에 비행기로 떠나야 했다. 그러자 그들이 말했다. "좋아요, 그럼 내일 아침 5시에 저희들이 찾아가겠습니다."

"알겠습니다. 수영장에서 만나지요." 래리가 대답했다.

다음 날 아침, 모든 사람들은 직장에 가는 평상시 복장(턱시도, 레스토랑 예복 등)으로 차려입고 나타났다. 아무도 세례에 필요한 기본 용품들을 갖고 있지 않았으므로 이 상황에서는 임기응변이 필요했다. 침수 세례를 주장하는 복음주의 그리스도인들은 대개 턱시도를 입은 채 수영장에 뛰어들 작정이었을 것이다(성경에 충실한 것은 좋지만, 예식이 끝나자마자 직장에 출근해야 하는 상황에서는 너무나 비효율적인 방법이었다).

이후에 일어난 일은 아마 많은 교회 지도자들을 언짢게 할지도 모르겠다. 하지만 가장 중요한 관심사가 한 사람의 마음이라고 믿는다면, 충분히 그 진가를 인정할 수 있을 것이다. 래리와 딕은 그 사람들에게 세례를 주되 옷은 젖지 않게 해야겠다는 결정을 내렸다. 그들은 크고 넓은 그릇을 찾아 물을 채우고 그릇에 개심자들의 얼굴을 담그게 했다. 해결책을 찾아낸 창의적인 사업가들을 주신 하나님께 감사한다. 일터의 상황에서는 지키기 벅찬 전통보다 모임의 필요가 우선된다.

왕의 사역

래리가 하나님의 능력을 말하는 다른 이야기들을 전해 준 적이 있다. 그와 딕은 정기적으로 직장을 방문해 그 사장들을 위해 기도하며, 그 사장들은 답례로 다시 그들을 방문해 직원들을 위해 기도하는 경우가 많다. 래리는 자신의 사업체에서도 매일 10시 아침 기도회를 열어 그렇게 한다. 참석은 각자의 자유의사지만, 대개 직원들의 3분의 1은 참석한다(2001년 911 테러가 일어난 후에는 거의 모든 직원이 참석하고 있다). 사실 28년 된 그의 회사가 최근 보여 준 극적인 수익 증가의 원인을 그는 1994년부터 그의 회사를 위해 기도하기 시작했던 중보자들에게 돌렸다.

한때 그들이 재정적 어려움을 겪고 있을 때, 한 기도의 용사가 래리에게 전화를 걸어 그릇에 검은 손이 잠기는 환상을 보았다고 말했다. 이로 인해 조사가 시작되었고 결국 한 직원의 절도 사실을 발견하는 데 이르렀다. 이 일이 아니었다면, 필시 그 행위는 들키지 않고 계속되었을 것이다.

래리는 연합 기도 프로그램이 재정적인 것을 훨씬 넘어선 유익으로 돌아왔다고 말한다. 런던에서 열리는 회의에 참석하러 가는 도중에 그는 자신이 만나게 될 치과 의사들과 공급업자들을 위해 기도해야 한다는 느낌이 들었고, 나중에 그 모임에서 자신이 한 일을 이야기했다. 이 협회에는 300명의 치과 의사들이 있었고 그들에게는 제각기 가족과 함께 약 1,500명의 환자들이 딸려 있었다. 래리가 본 대로, 하나님은 그에게 45만 명의 잠재적인 회중을 주셨던 것이다. 지금은 치과 의사들이 크라운이나 부분 도금, 또는 다른 도구들에 대한 처방을 보낼 때, 종종 주문서에 기도 요청을 덧붙인다.

이런 일이 단지 그의 사무실에서만 생기는 것은 아니다. 래리는 새 집을 짓는 동안 57명의 하청업자들과 근로자들이 예수 그리스도를 영접하도록 인도했다. 네 사람이 치유를 경험했다. 그들 중 어떤 사람들은 그가 대개 월요일 밤에 여는 모임에 참석해서 다른 사람들에게 어떻게 하나님의 말씀을 일터에 적용하는지를 가르치고 있다.

"저의 주안점은 결코 재물을 얻는 것이 아니었습니다." 래리는 사업 기반 사역의 놀라운 발전에 대해 말한다. "여러분이 자신의 직장에 하나님 나라를 도입하면, 모든 것이 자유로워집니다. 여러분이 만일 컴퓨터 산업에 종사하고 있고 빌 게이츠(Bill Gates)에게 접근했다고 생각해 봅시다. 그가 여러분에게 자신의 개인 휴대폰 번호를 알려 주고 이렇게 말합니다. '만일 뭐든 필요한 게 있으면 망설이지 말고 전화하세요.' 여러분은 그 전화번호와 빌 게이츠를 만드신 분 중 어느 것을 원하십니까?"

더 얘기할 수도 있지만, 당신은 무슨 뜻인지 이해했을 것이다. 그런 능력과 권세는 어디서 오는가? 표적과 기사로 하나님이 확증하신 사역에서 온다. 일터 사역자들의 기적이 지역 교회에서 우리가 보아 온 것과 똑같지 않을 수도 있지만, 그럼에도 이는 하나님의 말씀이 전파되고 영혼들이 하나님 나라에 들어올 수 있도록 문을 여는 역할을 한다. 이전에 마닐라의 호텔에서처럼, 우리는 하나님의 능력으로 더 많은 일터 교회들이 개척되고, 회사들이 회복되며, 민족들이 영향을 받는 것을 보게 될 것이다.

이는 또 다른 일터 사역자, 바울이 그의 삶과 사역 속에 역사하신 주님의 능력을 묘사한 것과도 비슷하다. "이 일로 인하여 내가 예루살렘으로부터 두루 행하여 일루리곤까지 그리스도의 복음을 편만하게 전하였노라"(롬 15:19).

일터 사역자에 대한 논의는 표적과 기사로 시작된다. 이는 하나님께서 그분의 자녀들에게 주시는 가장 분명한 성경의 표징이다. 바울이 자신의 사역을 평가했던 한 가지 표적은 삶을 변화시키는 예수 그리스도의 은혜를 사람들에게 전해 주는 능력이었다. 그는 이렇게 표현했다. "사도의 표 된 것은 내가 너희 가운데서 모든 참음과 표적과 기사와 능력을 행한 것이라"(고후 12:12).

일터의 기적들

만일 우리가 그리스도의 말씀을 진리로 받아들인다면, 이런 질문이 생긴다. "일터의 사도들은 어떤 종류의 기적을 행합니까?" 그 답은 이것이다. "모든 종류의 기적을 행합니다." 요한복음 14장 12절에서 예수님은 그분이 전에 어떤 일을 하셨든 간에, 우리는 그보다 훨씬 대단한 일을 할 수 있다는 사실을 분명히 하셨다. 예수님은 그분의 사역 대상이 되는 사람들의 필요를 채우는 기적을 행하셨다.

- 그들이 병들었을 때, 그분은 그들을 고치셨다.
- 그들이 배고프면, 그분은 그들에게 음식을 주셨다.
- 가나의 혼인 잔치에서 신랑이 포도주가 필요했을 때, 그분은 이를 공급하셨다.

최근에 한 사업가가 내게 말했다. "제게는 예수님이 하셨던 그런 기적이 나타나지 않기 때문에 저는 제가 일터에서 권세로 기름부음받지 못했다는 걸 알고 있습니다." 글쎄, 오늘날의 모든 기적들이 예수님이 행하셨던 것과 똑같지는 않다. 그분은 자신이 행하셨던 그대로 우리가 해야 한다고 말씀하신 것이 아니라 우리가 더 큰일을 할 거라고 말씀하셨다.

많은 사람들이 자동적으로 기적을 치유와 동일시한다. 하지만 오늘날, 삶에 대한 기대는 신약 시대보다 훨씬 크고, 의학 지식은 훨씬 발전한 상태다. 하나님이 예비하신 자연스러운 방법을 통한 치유의 능력은 아주 대단하다. 여전히 치유를 경험하려는 기대를 사실 많이 하지만, 나는 더 큰일에 내 시선을 맞추었다. 로마서 15장 19절에서 바울이 자신감 있고 대담하게 자신의 소명을 진술할 때, 그는 하나님의 성령의 능력으로 이루어진 표적과 기사를 이야기했다.

표적은 어떤 사람을 다른 사람과 구별되게 한다. 일터에서 나타나는 표적은 당신이 그분의 뜻을 따르고 있다는 하나님의 확증이다. 표적은 마케팅 아이디어나 미래를 바라보는 선지자적 시선이 될 수도 있다. 하나님의 말씀 한마디로 새로운 영업 현장이 열릴 수도 있다. 아니면 이는 말썽이 생기지 않게 피하라는 경고일 수도 있다. 표적은 당신의 필요에 대한 하나님의 응답일 것이다. 그러니 필요가 있는 영역에서 표적을 찾아보라.

딕과 래리는 필리핀에 있을 때, 자신들에게는 개인적으로 텔레비전이 작동되지 않는 것이 더 좋았음에도 케이블 텔레비전 시스템을 고쳐 주시기를 기도했다. 이것은 호텔 지배인의 필요였다. 그 필요를 만족시킴으로써 지배인과 수십 명의 직원 사이에 대화의 창구가 열렸다.

이와 비슷하게 일터 사역자의 표적, 즉 하나님이 우리 편이시라는 징표는 무엇이든 당신의 직업에 구체적인 필요의 영역과 일치할 것이다. 물론 당신은 아픈 사람들을 위해 기도하고 그들이 회복되는 것을 볼 수도 있다. 그러나 당신의 표적이 다른 영역에 나타난다고 해서, 당신이 위대한 능력과 기사로 일하지 않는다는 의미는 아니다.

목표는 유효성이다. 교회 상황에서 그리스도 복음의 실제는 지역 회중의 규모, 건물의 크기 또는 교회에서 제공하는 프로그램들에서 나타나지 않는다. 그 증거는 헌금 규모나 음악의 수준에서 나타나는 것이 아니라 얼마나 많은 인생들이 변화되었는가를 통해 드러난다. 변화된 인생이 전혀 없다면, 그 사역은 성공적인 것이 못 된다. 목사로서 나는 많은 교회들의 관심이 교인이나 재정, 건물 크기 같은 숫자에 집중돼 있음을 안다. 하지만 복음이 전파된 최근 몇십 년을 돌이켜 보면, 분명 더 나은 측정 기준이 있어야 한다.

예를 들면, 40년 전에 내가 설교를 처음 시작했을 때, 가장 흔하게 보고되던 통계치는 우리나라에서 두 쌍 중 한 쌍이 이혼한다는 사실이었다. 하지만 교회 내에서는 50쌍 중 한 쌍의 결혼이 깨어지는 정도였다. 기독교는 결혼 생활에서도 많은 차이를 가져

왔다. 당신의 결혼 생활에도 도움이 필요하다면, 교회에 나가는 것이 가장 좋은 선택일 것이다. 하지만 프라미스 키퍼스(Promise Keepers)에서는 최근 그리스도인들의 이혼율이 나머지 인구와 동등하거나 더 높을 가능성이 있다고 주장하는 비디오를 출시했다.

분명히 결혼 상황을 다루는 지금의 방법은 그다지 효과를 내지 못하고 있다. 반드시 변화가 있어야 하는데, 이는 하나님의 능력이 있어야 한다는 뜻이다. 우리에겐 하나님의 개입과 이 끔찍한 상황을 반전시킬 표적과 기사가 필요하다. 일터에서도 마찬가지다. 우리는 하나님의 능력과 우리가 하는 일에 대한 그분의 확인 도장이 될 증거를 찾고 있다.

하나님이 사용하시는 방법 한 가지는 더 높은 판매량, 또 예상 수익을 맞추거나 상회하는 결과를 가져올 아이디어와 방법을 제공하시는 것이다. 하지만 분명히 그 이상의 것들이 존재한다. 이제 나는 수익의 중요성을 얕잡아 보지 않는다. 나는 하나님께서 그분의 자녀들이 번성하기를 원하신다고 믿는다. 그분은 당신의 공동체 안에 이런 종류의 성공에서 파생되는 일정 수준의 권위를 부여하신다. 이것도 하나님의 표적에 포함된다고 생각하므로 당신에게도 이런 결과가 주어지길 원한다.

그렇지만 여전히 직업에는 영적 차원이 분명히 존재한다. 나는 실체로 느껴지는 하나님의 존재를 말하는 것이다. 그분의 능력이 거기 존재하므로 언제든 우리가 활용할 수 있음을 아는 데서 오는 평화를 말한다. 사업 계약을 하는 중에도 하나님의 음성을 들을 수 있음을 알면 당신은 힘을 느끼게 될 것이다. 그분이 당신 편임을 알면 자신감이 생길 것이다. 당신을 방해하는 어떤 것, 당신의 고객들 그리고 경쟁사들과 직면하게 되고 어떤 장애물에 마주치더라도 하나님의 능력으로 다루실 수 있음을 알면 평안이 생길 것이다.

하나님이 표적과 기사로 함께하실 것을 기대하라. 당신이 병들었을 때, 치유받기를 기대하라. 좌절하고, 외롭고, 의기소침하고 기가 죽은 사람들에게 말을 걸 수 있기를 기대하라. 하나님이 그들의 삶에서 역사하시는 모습을 기대하라. 사업 문제에 대한 응답, 사업 계약에서 하나님의 개입, 성공의 표시가 되는 가시적인 목표를 통한 그분의 확증을 포함해서 당신의 기대 수준을 높여라.

표징을 확증하기

사도, 또는 일터 사역자의 분명한 성경적 표징은 영적 다양성과 현실의 방식 둘 다에 의하여 표적과 기사로 다가온다. 성경적 근거를 먼저 찾아보자.

> "이 일(하나님의 성령의 능력으로 인한 표적과 기사)로 인하여 내가 예루살렘으로부터 두루 행하여 일루리곤까지 그리스도의 복음을 편만하게 전하였노라"(롬 15:19).
> "내 말과 내 전도함이 지혜의 권하는 말로 하지 아니하고 다만

성령의 나타남과 능력으로 하여 너희 믿음이 사람의 지혜에 있지 아니하고 다만 하나님의 능력에 있게 하려 하였노라"(고전 2:4-5).

"하나님의 나라는 먹는 것과 마시는 것이 아니요 오직 성령 안에서 의와 평강과 희락이라 이로써 그리스도를 섬기는 자는 하나님께 기뻐하심을 받으며 사람에게도 칭찬을 받느니라"(롬 14:17-18).

"그 때에 불법한 자가 나타나리니 주 예수께서 그 입의 기운으로 저를 죽이시고 강림하여 나타나심으로 폐하시리라 악한 자의 임함은 사단의 역사를 따라 모든 능력과 표적과 거짓 기적과 불의의 모든 속임으로 멸망하는 자들에게 임하리니 이는 저희가 진리의 사랑을 받지 아니하여 구원함을 얻지 못함이니라 이러므로 하나님이 유혹을 저의 가운데 역사하게 하사 거짓 것을 믿게 하심은"(살후 2:8-11).

위대한 일은 힘과 능력과 재능이 드러나는 일이다. 궁극적으로 이런 논의는 믿음으로 귀결되는데, 이것이 바로 표적과 기사를 믿는 기초가 된다. 하나님에 대한 절대적 신뢰는 일터 사역자의 삶 속에 끊임없이 대두되는 주제임에 틀림없다. 고(故) 스미스 위글스워스(Smith Wigglesworth, 그는 배관공이다)는 기독교 단체에서 '믿음의 사도'로 널리 알려져 있다. 위글스워스는 하나님은 불가능을 가능케 하셨다는 사실을 믿는 믿음을 강조했다. 하나님은 하실 수 있다는 위대한 믿음을 그가 실천했을 때, 주님은 그를 통해 위대한 일을 이루셨다.[1]

세계 곳곳에 있는 일터 사역자들과 교류하면서 나는 믿음이 곧 기적과 표적, 놀라운 '하나님의 사건'의 근거가 된다는 실례를 거듭 목격하게 된다. 일터 사역에서 당신이 어떤 노력을 한다 해도 나는 하나님이 당신의 상황에 구체적인 계시를 해 주실 때까지 계속 그분을 찾으라고 권면한다. 성령께서 당신을 인도하실 것을 믿고, 내적 계시를 통해 당신이 확고한 위치로 움직여 하나님의 사역 안에 흔들림 없이 충만히 거할 수 있게 하라. 요한1서 2장 27절은 이렇게 말씀한다. "너희는 주께 받은바 기름 부음이 너희 안에 거하나니 아무도 너희를 가르칠 필요가 없고 오직 그의 기름 부음이 모든 것을 너희에게 가르치며 또 참되고 거짓이 없으니 너희를 가르치신 그대로 주 안에 거하라."

기름부음의 단순한 정의는 당신이 자신의 힘으로 할 수 없는 것을 그분을 통해 할 수 있게 되는 하나님의 초자연적인 능력의 부여다.

누군가는 이렇게 물을지도 모른다. "'당신 스스로 할 수 없는 일'이란 게 뭐죠? 예수님도 '내가 아무것도 스스로 할 수 없다'고 말씀하셨잖아요."

나도 그렇게 이해하지만, 그럼에도 당신이 육체의 능력이나 선천적 능력으로 많은 일을 할 수 있음도 사실이다. 하지만 당신이 초자연적인 것으로 옮겨 가기 위해서는 하나님의 기름부으심이 필요하다. 이것은 당신의 능력이 아니라 하나님의 힘과 능력이 변화를 일으키는 영역이다. 오늘날 우리의 삶에서 필요한 것은 바로 이 부분, 하나님의 기름부으심을 통해 위업을 이루는 능력이다.

비록 기름부으심이 교회 상황에서 대부분 사용되고 있지만, 이것이 성경적인 맥락은 아니다. 요한1서 2장 27절은 기름부으심이 "모든 것"을 위한 것이라고 말한다. 사람들을 초자연적인 능력으로 옮기는 것은 하나님의 기름부으심이다. 그 기름부음은 당신 안에 거하신다. 만일 그렇다면, 당신이 일터로 출근할 때도 하나님의 기름부으심은 그곳에 함께하신다.

이 구절은 또한 하나님이 우리를 통해 일하시는 데는 교사가 필요치 않음을 말해 준다. 훈련 세미나에서 배우거나, 입문서로 전해지거나, 수습 훈련으로 얻을 수 없는, 하나님이 당신을 위해 하실 수 있고 또 그러기 원하시는 일이 있다. 이는 하나님만이 하실 수 있고 그분이 우리를 위해 기쁘게 하고자 하시는 일이다. 당신의 인생을 곰곰이 돌이켜 보고 정확히 때맞춰 하나님이 다가오셨던 때를 회상하라. 그분은 이런 일을 언제나 하실 수 있으며 오늘날도 다시 그렇게 하기 원하신다.

우리는 일터에서 표적과 기사에 대한 우리의 믿음을 환기해야 한다. 어떤 것은 일 자체와 관련이 있고, 어떤 것은 동료들과, 어떤 것은 앞날을 위한 창조적인 아이디어와 관련이 있을 것이다. 그분의 지시를 분별하는 것이 반드시 단순한 일은 아니지만, 만일 당신의 믿음이 하나님의 능력을 따라간다면, 당신은 확실히 눈에 띄는 결과를 보게 될 것이다.

Chapter 5
Authority

5장

권세

> "주께서 주신 권세는 너희를 파하려고 하신 것이 아니요 세우려고 하신 것이니
> 내가 이에 대하여 지나치게 자랑하여도 부끄럽지 아니하리라"(고후 10:8).

몇 년 전, 사업 아이디어를 가지고 있는 내 친구가 있었는데 그는 이것을 거너 올슨(Gunner Olson)이 검토해 줬으면 했다. 친구가 나를 올슨이 참석하는 모임에 초대했지만, 사업 제안서는 내 머릿속에서 곧 뒷전으로 물러나 앉고 말았다. 올슨을 처음 만나 몇 초 지나지 않아서 나는 이 친절한 스웨덴 사람에게 지울 수 없는 강한 인상을 받았다. 그가 몇 마디 하면 설령 다른 사람에게 하는 말이라도 "네, 알겠습니다!"라고 대답하고 싶은 기분이 들었다. 그의 권위 있는 목소리와 상당한 존재감이 그의 말을 듣게끔 했다. 그가 다른 많은 일터 사역자의 표징을 보여 준다는 확신이 드는 동시에 내 머릿속에 떠오르는 것은 그의 권위였다.

국제 기독인 상공회의소(ICCC, International Christian Chamber of

Commerce)의 설립자인 올슨은 세계 전 대륙에 영향을 미치고 있다. 아마 가장 유명한 실례는 중국에서 상공회의소의 교육적 진출과 이스라엘의 많은 사업 지도자들과 관계를 맺은 것일 것이다. 정말 환상적인 계획이다.

「타임」(Time)지의 전 관료인 데이비드 아이크만(David Aikman)은 그의 책 「베이징의 예수: 기독교가 어떻게 중국을 변화시키고 지구의 힘의 균형을 변화시키는가」(Jesus in Beijing: How Christianity Is Transforming China and Changing the Global Balance of Power)에서 최근 기록했듯이, 관(官)의 공산주의 정책에도 불구하고, 중국은 전국에 확산되는 기독교의 영향을 포함해서 극적인 변화를 겪고 있다. 국제 기독인 상공회의소 역시 이런 현실을 목격해 왔다. 몇 해 전에는 중국 정부가 이 기구를 초청해서 "당신도 사업을 시작할 수 있다"는 제목으로 기업에 대한 10부작 영화를 찍게 했다. 그 과정을 기록하며 국제 기독인 상공회의소의 교육부는 시리즈의 근간으로 성경적 바탕의 원리를 사용했다. 성경이나 예수라는 말을 직접 쓰면 안 되지만, 해설자는 기관의 어떤 원리를 따르는 것이 그의 사업에 어떻게 도움을 주었는지 발표할 한 회원을 소개하며 그 전에 '쓰여졌다'는 표현을 많이 사용했다.

이 교육 테이프는 대단히 반응이 좋아서, 그들은 나라에서 두 번째로 크고 잠재 시청자가 4천만이나 되는 큰 텔레비전 방송망으로 이 프로그램을 내보냈고, 165개의 국영기업이 운영하는 원격교육센터에서 사용하기로 했다. 2003년 중반까지 4만2천 명

이상의 대학생 및 청년들이 이 프로그램을 봤다. 이 10부작은 두 번째 시리즈인 "앞서 가는 기업 발전시키기"와 함께 30부로 확장되고 있으며, 앞으로 정식 승인된 대학 과정이 될 예정이다.

국제 기독인 상공회의소는 이러한 발전이 반유대주의적 갈등과 비난으로 발생하는 뉴스 보도들까지 포괄하지는 못한다는 사실에도 불구하고 이스라엘 사업가들과 다리를 놓는 중이었다. 이 작업은 몇 년 전에 이스라엘 상업인들을 위한 새로운 기회를 창출하도록 계획된 과정에서 시작되었다. 계속되는 테러와 축소되는 관광 사업 및 전 세계적인 경제적 폭락에 둘러싸인 사업 소유주들은 삼중고에 시달려야 했다.

2002년 여름, 90개국의 회원들과 함께 국제 기독인 상공회의소는 이스라엘 관리들과 사업가들을 만나기 위한 대표단을 데려왔다. 이는 엄밀히 말하면 그리스도인들이 주도하는 것은 아니었다. 대신 그 목적은 이 나라에 그리스도의 사랑을 보여 주라는 하나님의 명령을 성취하는 것이었다. 잠재적으로 가능성 있는 사업 계약에 대해 1,100명이 마주 앉아 의논했을 뿐 아니라 올슨 역시 그 주에 200명의 최고 사업 지도자들이 참석하는 연회에서 연설했다. 청중 가운데는 자신의 회사 하나를 4억 5천만 달러에 아메리카 온라인(AOL)에 매각한 소프트웨어 개발자, 선두 기업의 최고 경영자들 그리고 이들 외에도 사업계의 거물급 인사들이 자리하고 있었다. 올슨의 연설은 기립 박수를 받았으며 국제 기독인 상공회의소 대표단은 나중에 그해 수상이 조직한 '연대회의'에 다시 오라는 초대를 받았다.

「무한한 사업」(Business Unlimited)이라는 자서전에서 올슨은 한때 아프리카에서 3천 명의 군중들에게 연설해 달라는 부탁을 받았다고 말한다. 청중 속에는 그 나라의 대통령, 미국의 부사무총장, 아이보리코스트(코트디부아르)의 재무장관 및 다른 고위급 관리들이 있었다. 연설할 준비가 되지 않았던 그는 연단으로 다가가면서 그가 베냉에 오던 첫날 밤 꾼 꿈을 기억했다. 꿈에서 그는 그 나라 마을들을 이리저리 끝없이 헤매고 있었다. 그가 만난 사람들은 모두 얼굴이 없었다. 그는 갑자기 그 꿈이 생각난 사실을 성령께서 그의 마음에 있는 것을 말하라는 신호로 해석했다. 올슨은 이렇게 기록한다.

"'어젯밤 저는 이상한 꿈을 꾸었습니다' 하고 나는 말을 시작했다. '나는 아무도 없고 아무것도 없이 태어난 베냉의 얼굴 없는 사람들을 보았습니다. 수천 명이 다가왔지요. 그들은 미래가 없는 사람들처럼 보였지만, 그중 몇몇은 자기 나라의 미래를 짊어지고 있었습니다. 우리가 여기에 와서 도우려는 사람들이 바로 그들입니다. 그들이 바로 베냉의 미래입니다. 그들은 국가의 재산입니다. 그래서 우리가 여기에 온 것입니다. 우리는 베냉의 얼굴 없는 사람들을 섬기러 여기 왔습니다. 우리가 무엇을 하든, 그것이 그들에게 미치지 못한다면, 우리가 하는 일은 다 허사입니다. 그들은 하나님께 너무나 사랑받으며 그분께 값진 존재입니다.'"[1]

나중에 올슨은 이렇게 회상한다. "그곳 베냉에서, 나는 우리가 작은 일에 신실하면 하나님이 우리에게 더 큰 계획을 맡기신다는 핵심 원리를 다시금 깨닫고 있었다. 우리가 하는 모든 일은 그분의 나라가 이 땅에 임하시도록 그분의 이름을 영화롭게 하는 것이다. 어떤 일이 생기든, 그것은 우리 힘으로 하는 일이 아니라 하나님의 사랑과 은혜를 통해서다. 그분 없이는 나는 아무것도 아니다. 나는 내 꿈에 나타난 얼굴 없는 사람들 중 하나일 뿐이다."[2]

능력의 말씀

권세!(Authority) 하나님의 말씀에는 강력한 무언가가 있다. 권세는 능력을 상기시킨다. 사실 대체로 신약성경에서 권세의 헬라어 원어는 그렇게 번역된다. 바울 사도는 자신의 권세를 알고 있었으며, 현대의 일터 사역자도 그럴 것이다. 권세는 표적과 기사들 후에 그런 지도자들에게 나타나는 두 번째 특징이 된다.

'권세'는 고린도후서 10장 8절에 나타나듯이 선택할 능력과 원하는 대로 할 자유를 가리킨다. 이는 또한 육체적, 정신적인 힘과 한 사람이 받거나 소유하거나 실행하는 능력이나 강함을 말한다. 덧붙이면 권세의 힘(영향력)과 정의의 힘(특권) 또는 법이나 정부의 힘을 가리킨다. 헬라어 어원은 그의 뜻과 명령이면 다른 사람이 순종하고 복종해야 하는 그런 사람이 휘두르는 권력에 대해 말하고 있다. 개인적인 차원에서 지배자나 장관 같은 권세를 소유한 사람에 대해 말하는 것이다. 그것이 왕의 권세에 대한 상징인 왕관이라고 「스트롱 용어색인」(Strong's Concordance)에 확연히 나와 있다.

나는 고린도후서 10장 8절의 말씀으로 이 장을 시작했다. 흠정역(KJV)에는 이렇게 되어 있다. "주께서 우리에게 주신 권위는 너희를 세우려는 것이지 무너뜨리려는 것이 아니니 내가 우리의 권위에 관하여 좀더 자랑한다 할지라도 결코 부끄럽지 않을 것이라." 당신이 선호하는 어떤 판본에서든, 바울의 권세에는 눈에 띄는 세 가지 점이 있다.

1. 그는 분명히 권세의 영역을 이해했다.

많은 사람들은 바울이 마땅한 정도보다 지나치게 자랑하고 확대하며 큰소리친다고 생각했다. 하지만 바울은 그들에게 "내가 … 부끄럽지 아니하리라"고 이야기하며, 유진 피터슨(Eugene Peterson)은 메시지 성경(The Message)에서 "나는 물러서지 않을 것입니다"라고 묘사한다. 하나님의 권세가 당신 안에 거할 때, 뒤로 물러서는 일은 없다. 하나님의 권세는 약해지거나 빗나갈 염려가 없는 대담함을 부여한다.

2. 바울은 그의 권세의 원천을 알았다.

그는 단순히 이렇게 말한다. "주께서 주신 권세." 이것은 권세 있는 가문에서 태어나고, 특정한 직책에 선출되거나 학벌을 쌓는 등 사람이 선택해서 할 수 있는 원천에서 생겨나는 종류의 권세가 아니다. 이는 하나님이 위임하신 것이다.

3. 그는 권세의 목적을 이해했다.

권력층을 찬양하거나 남들 위에 군림하기 쉬운 인간의 권세와는 달리 바울은 스스로 권세를 행사하지 않았다. 오히려 이는 사람들의 선을 위한 것이었다. 일터 사역자들도 권세를 사용하는 법을 안다. 그들은 그 권세의 영역과 원천, 목적을 이해한다.

그런 사역자들을 그 도시의 최고 경영자와 사업체 소유주들 사이에서 찾으려는 사람들이 많다. 많은 지도자들이 이 범주에 해당될지 모르지만, 하나님께서는 그들을 필요로 하는 곳이면 어디든 그분의 영향력 있는 사역자들을 배치하고 계신다. 그러므로 우리는 사업, 정부, 교육, 법률, 여타 조직체의 여러 차원에서 그들을 발견하게 될 것이다. 이 권세는 하나님이 주신 것이므로 인간의 논리를 바탕으로 우리가 권세를 위임하는 사람들에게만 한정된 것이 아니다. 일터의 변화에서 가장 눈에 띄는 참된 표징의 하나가 권세다.

경찰관, 경호원, 연방 경찰서장의 경우처럼 권세는 위임되는 것이다. 하지만 그런 대리인들의 권세는 그들이 그 직무를 수행 중일 때나 비번이면서도 제복을 입고 있을 때만 명확히 드러난다. 바울이 언급한 권세와 일터 사역자들에게 존재하는 권세처럼 하나님이 정하신 권세와는 차이가 있다. 그 역시 위임된 권세지만, 하나님에 의해 위임되는 것이다. 그러기에 필요할 때는 언제든지 행사할 수 있는 법적인 권리가 동반된다.

또한 일터에서의 권세는 핵심 교회에 존재하는 권세와는 달라

보이는데, 거기서는 지도자들이 교회 구조와 계획을 감독한다. 그것은 한 사람에게 아주 강력하게 의존해서, 목사가 말할 때는 언제든 다른 이들이 반응을 보이는 그런 종류의 권세다. 이는 연합 집회에서, 커피를 마시는 휴식 시간 동안이나 임원회의 또는 일상적으로 보이는 대화 속에서 생겨날 수 있다. 권세는 스스로 알아차리게 되는 내적 특질을 지닌다.

고유한 '하나님 나라의 권세'는 또한 직업의 장에서도 작용한다. 그러므로 사업 관계에서도 보여지듯이 도시와 지역에서 나타나는 하나님의 활동에서 이 권세는 뚜렷해질 것이다. 이것은 결국에는 사회적 변화로 이어질 것이다. 이 권세는 잠언 31장에 나오는 여인의 남편이 얻는 영예로운 위치, 즉 진정한 의미의 '성문에 앉은 장로들' 속에서 작용할 것이다(잠 31:23).

지금까지 이것은 핵심 교회에서 목사와 지도자들에게만 한정해서 맡겨지는 그런 위치였다. 하지만 새로운 패러다임 내에서 성문 지키는 자들, 즉 영적인 통찰력 면에서 도시와 국가에서 권위 있는 목소리를 내는 사람들은 대개 일터 사역자들에 속한다. 물론 잠언에 나오는 위엄 있는 여인도 성문에 자리가 있다. 그러니 우리도 일터에서 앞날을 변화시킬 권세를 지닌 사람들 속에 남녀가 모두 포함되게끔 우리의 이해를 넓힐 준비가 필요하다.

일터 사역자들이 지닌 하나님 나라의 권세는 통치적 권세를 위한 기름부으심을 동반한다. 잠언 31장에서 성문에 앉은 사람들에 대해 언급할 때, 이는 전 도시에 영향을 미칠 결정을 내리는 장소에 대해 말하는 것이다. 이곳은 지역 주민의 방향과 운명을 좌우하는 재정 및 여타 결정과 아울러 법적 계약이 발생하는 장소를 의미한다.

예수께서 누가복음 19장 12-27절에서 말씀하신 비유에서도 이런 사실을 볼 수 있다. 예수님은 사업가들에게 자신의 도시에서 권세를 위임받는 데 대해 가르치신다. 예수님은 그들이 큰 재정적 이익을 남기도록 장사를 하는 것은 그들의 도시와 주변 지역에서 권세를 얻게 되는 일이라고 말씀하신다(이 이야기는 열 도시에서 권세를 얻을 가능성으로 결론을 맺는데, 그 도시들은 서로 연결돼 있을 수도 있고 그렇지 않을 수도 있다). 그리스도께서 말씀하신 권세는 바울이 하나님께서 자신에게 주셨다고 주장한 것과 동일한 권세다. 이는 도시에서 재판을 할 권세를 말한다.

하나님 나라의 부

우리는 전통적 해석 외의 권세에 대해 생각하기 시작해야 한다. 단지 권세를 발휘하는 사람뿐 아니라 그에 수반되는 도구들에 대해서도 생각해야 한다. 말하자면, 돈을 생각해 보라. 특히 교회 안에서 돈은 오랫동안 '부정한 이득'의 이미지를 지녀 왔다. 하지만 돈은 하나님께서 사업가들에게 그들의 도시에서 권세를 얻도록 주신 수단이다. 이는 돈이 단지 특정 교회나 사역이 아니라 사회에 유익을 미칠 과업을 수행한다는 뜻이다.

이렇게 돈을 바라보게 되면 우리의 시각이 조정되어 돈이 하나님 나라를 건설하는 강력한 도구가 되게 할 수 있다. 하지만 하나님 나라의 돈으로 생각해야지, 결코 교회의 돈으로 생각해서는 안 된다. 프로젝트 기금이나 사역 자금이 아니라 하나님 나라의 돈이다. 하나님 나라의 돈은 대단한 권세를 수행할 가능성을 동반한다.

무엇이 하나님 나라의 돈이며 그에 내포된 능력은 어떠한지 생각해 보라. 성경에는 돈에 대한 언급이 많다. 믿음이나 심지어 구원에 대한 얘기보다 돈에 대한 언급이 더 많다는 것을 알면 놀랄지도 모르겠다. 「그리스도인의 재정 원칙」(Wealth, Riches and Money)의 공동저자인 얼 피츠(Earl Pitts)와 크래그 힐(Craig Hill)에 따르면, "신약성경에는 실제로 믿음에 관한 구절 215개, 구원과 연관된 구절 218개 그리고 돈과 재정에 대한 책임과 청지기 정신을 다루는 구절 2,084개가 나온다."[3]

하나님은 말씀을 통해 우리가 돈의 개념과 그 뒤에 숨은 목적을 이해하도록 가르치기 원하신다.

돈은 많은 사람들의 삶에 압도적인 영향을 미친다. 대부분의 사람들은 돈에 대한 생각을 많이 한다. 그들은 돈을 위해 일하고 돈을 트럭으로 벌어들이는 꿈을 꾼다. 많은 이들이 헛된 일확천금의 욕심을 품고 도박으로 한 재산을 날린다. 돈이 우리의 속마음과 행동을 지배하게 되면 돈은 일체를 소진시키는 우상이 되어 버릴 수 있다. 슬프게도 설문조사가 대체로 정확하다면, 대다수의 사람들이 일하는 유일한 이유는 돈을 벌기 위해서이다. 여기에 초점을 맞추게 되면 일의 목표는 충분히 돈을 벌어서 일을 그만두고 돈으로 살 수 있는 유익을 즐기는 것이다. 하지만 아무리 돈을 많이 가져도 결코 충분치 못할 것이기에 그들은 결코 진정으로 만족하지 못한다.

문제는 이것이다. 왜 예수님은 돈에 대해 그렇게 많은 얘기를 하셨는가? 돈이 우리에게 얼마나 중요한지 아셨기 때문일까? 아니면 더 심오한 동기와 목적이 있으셨는가? 언젠가 주님은 돈을 사랑하는 것에 대해 엄히 경고하셨다. "한 사람이 두 주인을 섬기지 못할 것이니 혹 이를 미워하며 저를 사랑하거나 혹 이를 중히 여기며 저를 경히 여김이라 너희가 하나님과 재물을 겸하여 섬기지 못하느니라"(마 6:24).

어떤 성경역본에는 '재물'(Mammon)이라는 단어가 '돈'(Money)으로 번역된다. 하지만 피츠와 힐은 그들의 책 「그리스도인의 재정 원칙」에서 다음과 같이 말하고 있다.

"마태복음 6장에서 위에 인용된 구절의 뜻에 대해 얘기를 시작해 보자. '재물'이라는 단어를 썼을 때 예수님은 무엇을 가리키신 것인가? 첫째, 재물이 무엇이건 예수님이 그것을 하나님과는 완전히 정반대되는 위치에 두셨다는 데 주목하는 것이 중요하다. 그것은 적그리스도다. 재물은 어떤 것이든 섬김을 받기 위해 하나님과 맞선다.

예수님이 하나님과 재물 둘 다 섬김을 받을 수 없다고 말씀하셨을 때, 예수님은 이를 금지하는 것에 대해 말씀하신 게 아니라 오히려 그럴 수 없다는 불가능성에 대해 말씀하신 것이었다. 예수님은 '하나님과 재물을 둘 다 섬기려고 애쓰는 것은 잘못된 것이다' 라기보다는 오히려 '하나님과 재물을 둘 다 섬기는 것은 불가능하다' 는 사실을 선언하신 것이다. 하나님과 재물은 상반되는 것이므로 둘 다 동시에 섬길 수는 없다. 한쪽을 섬기면 범주상 다른 쪽을 섬기는 일은 배제된다. 따라서 하나님이나 재물 중 한쪽만 배타적으로 섬기게 된다. 하나님을 진정으로 섬기기 위해서는 재물을 전적으로 포기하고 어떤 관계도 맺지 않아야 한다."[4]

당신이 돈과 재물에 대해 곰곰이 묵상하면서 이 진리에 대해 생각해 보라. 만일 둘이 똑같은 것이라면 우리는 돈과는 어떻게든 관계를 끊어야 한다. 사실 어떤 그리스도인들은 이런 관점으로 가난을 거룩과 같은 의미로 간주해 왔다. 하지만 분명 청빈의 서약을 한 사람들에게조차 여전히 생존을 위한 돈은 어느 정도 필요하다.

나는 돈과 재물이 동일한 것이라고 믿지 않는다. 이런 개념을 우리 머릿속에 확고히 뿌리 내리게 하는 것은 하나님 나라 권세의 능력이 돈을 통해 발휘될 수 있음을 이해하는 데 도움이 될 것이다. 재물은 영적인 것에 더욱 가깝다. 재물은 사람들이 건전치 못하게 과도한 관심을 돈에 쏟게 만드는 악한 영이다. 이렇게 되면 돈은 목적이 된다. 하지만 하나님께서는 우리가 그분을 목적으로 삼기 원하신다.

현실적으로 돈은 그 자체로 저절로 능력이 생기지는 않는다.

능력을 갖고 있는 것은 돈의 근원이다. 예수님은 그 근원이 하나님이나 재물 중 하나라고 우리에게 말씀하신다. 당신의 재정적 공급원 뒤에 있는 진정한 힘이 하나님이시라면, 당신의 돈을 통해 하나님 나라의 권세를 얻을 가능성이 있다. 만일 탐욕과 허욕, 아니면 불법적이거나 부도덕한 거래를 통해 돈을 얻는다면, 하나님이 당신에게 주시려는 능력과 권세는 부족할 것이다.

쉽게 말해서, 대부분의 시간을 돈 생각만 하면서 보낸다면 재물의 영이 당신의 삶을 지배하기 쉽다. 반면에 당신이 대부분의 시간을 하나님과 그분의 능력을 생각하고, 배고픈 사람에게 음식을 주거나 궁핍한 사람에게 옷을 입히는 등 돈이 달성할 수 있는 건전한 목적과 당신의 필요를 채워 주시기를 갈망한다면, 당신은 하나님 나라 권세로 한 걸음 들어설 준비가 된 것이다.

그래서 일터 사역자로 권세를 얻는 한 가지 길은 돈의 획득을 통해서다. 하지만 권세를 주는 것은 돈이 아니다. 바로 하나님이시다. 그러니 돈을 많이 가지고 있다는 것이 예수께서 누가복음 19장에서 말씀하신 종류의 권세를 보장하지는 않는다(그리고 사실, 주님께서 제자들에게 주고자 하시는 권세를 얻는 길은 여러 가지다).

돈은 어디로 가는가?

돈이 여전히 하나님 나라 권세와 함께 활동하는 한, 돈은 중요한 문제가 된다. 일터 사역자는 어디에 그의 돈을 사용하는가? 지금껏 대부분의 영적 지도자들은 권세 있는 사람에게 그의 교회와 관련된 중요한 건축 계획과 선교 사업을 재정적으로 후원해 달라고 요청해 왔다. 지방 모임을 넘어서 지역, 국가, 또는 국제적 계획으로 나아가자는 도전이 있었을 수도 있다. 그러나 대개 강조점은 핵심 교회 모델 내에서 기금을 마련하는 데 있다.

하지만 도시 내에서 권세를 발휘하기 위해서는 뭔가 그 도시에 유익을 끼칠 방법이 있어야 한다. 그전에도 일터 사역자의 손에 맡겨진 자원을 통해 도시에서 그 권세를 인정할 길은 틀림없이 있었을 것이다. 과시하는 듯한 삶의 방식이 그런 권위를 확립하는 데 필요하다고는 믿지 않는다. 하지만 그의 공급원 뒤에 바로 하나님의 축복이 존재한다는 사실이 그 도시의 모든 사람들에게 분명해졌을 거라 믿는다.

도시의 일터 사역자들이 권세를 발휘하고자 한다면 돈에 대해 꼭 다루어야 할 필요가 있다. 그전에도 하나님의 사역자들은 대개 극히 작은 영향권에서만 전개되는 권세의 영역에서 활동해 왔다. 보통은 그가 관련된 교회 구조 내에 한정돼 있다. 지역 교회가 먼저고, 그 다음은 지역이나 국가의 교파나 감독자 또는 네트워크가 그 뒤를 잇는다. 일터 사역자들은 전통적인 핵심 교회 모형의 바깥에서 활동해야 한다. 그러므로 상당한 자원을 전혀 기독교적 관련이 없어 보이는 활동에 사용할 준비가 되어 있어야 한다(다음 장에서 굴레를 깨는 표징에 대해 상세히 다룰 것이다).

여러 해 동안 우리는 핵심 교회 프로그램들과 전도, 교회 개척, 화합의 노력, 기도운동과 여타 모든 가능한 지역 교회 개념을 통해 도시에 복음을 전하려고 시도해 왔다. 하지만 예수께서 도시 안의 권세에 대해 말씀하실 때, 그는 사업을 하는 사업가들의 영향을 말씀하고 계신다. 일터 사도들이 그들의 존재를 인정받을 때 우리는 세계의 도시와 국가에 중대하고 유익한 변화를 초래할 새로운 전략과 방책을 보게 되리라 확신한다.

이 장을 마치기 전에 돈은 일터의 사도가 권세를 얻는 유일한 방법임을 강조해야겠다. 도시나 국가의 권세는 정치적인 수단과 매체, 지혜를 통해서도 온다. 때로 하나님은 다른 사람들이 반응할 만한 차원의 권세를 주시지만 여기에도 근원은 동일하다. 하나님은 주인 되시므로, 때로 우리가 이해할 수 없는 일을 하신다. 다시 말해서, 대단한 재정적 원천이 없는 사람이 높은 차원의 권세를 동반할 수도 있다는 것이다. 정부 관공직과 방송과 인쇄 매체에서 요직을 맡게 되면 앞으로 많은 이들을 위해 문을 열어 줄 수 있다.

도시와 대도시 및 지역적, 국가적 수준의 권세가 표면화되는 것을 보면서 우리는 이들이 일터로 가야 할 사역자들임을 인정하기 시작한다. 우리는 이런 사역자들을 모든 영역에서 보게 될 것이다. 우리가 그들을 뭐라고 부르든지 그들은 주님께서 그들의 삶에 부여하신 권세로 활동할 것이다.

Chapter 6
Bondage Breakers

굴레를 깨기

"그런즉 우리가 무슨 말 하리요 하나님께 불의가 있느뇨 그럴 수 없느니라"(롬 9:14).

'도시를 위한 소망.' 이것은 미네소타 주 세인트폴과 미니애폴리스의 가난한 주민들을 위한 사역에 적합한 이름이지만, 이제는 '세상을 위한 소망'으로 새로 이름붙일 수 있다. '도시를 위한 소망' 사역은 여분의 장비와 상품을 도심지 선교회에 기증하려는 노력의 일환으로 시작된 후 세계적으로 넓게 확산되어 2003년에는 3천만 달러 이상의 물품을 나눠 주었다. 여기에는 아프리카에 보낸 에이즈 치료약과 북한의 병원 시설 그리고 인도네시아에 보낸 백신과 아프가니스탄에 보내는 식량 및 의복 등이 포함되었다.

활동 첫 해인 2000년에 '도시를 위한 소망' 팀은 200만 달러 상당의 물품을 나누어 주었다. 이는 4년 만에 이 사역이 예수께서 마가복음 4장 20절에서 말씀하신 대로 백 배 이상 증가했음을 뜻한다. 부동산 회사에서 관리하던 창고의 여유 공간을 활용하려는 소박한 노력에서 시작했던 것이 갭(The Gap), 올드 네이비(Old Navy), 월마트(Wal-Mart), 오피스 디포(Office Depot), 베드 배스 앤드 비욘드(Bed Bath & Beyond), 에이번(Avon) 등의 유명한 회사들로부터 물품을 기부 받는 다국적인 노력으로 변한 것이다.

'도시를 위한 소망'은 미네소타에서 상당한 규모의 풀서비스 부동산 회사, 웰시(Welsh)의 소유주인 데니스(Dennis)와 메건 도일(Megan Doyle)이 생각해 낸 것이다. 그 회사는 15억 달러 가치가 있는 약 200만 평방미터 이상의 부동산을 운영하지만, 데니스는 그의 노력의 사역적 측면에서 상당한 즐거움을 누렸다. "아프가니스탄에 담요가 든 컨테이너를 실어 보내 생명을 구하는 일이 다른 부동산 계약을 체결하는 일보다 제게는 더 의미 있는 일이에요."

도일 부부는 일터 사역자의 살아 있는 본보기다. 이 지도자들은 자신의 권위와 전문성을 단지 돈 버는 것 이상의 일에 사용한다. '도시를 위한 소망'과 함께한 그들의 놀라운 업적은 하룻밤에 이뤄진 것이 아니다. 이것은 10년 전에 교외에 있는 도일의 집에서 매주 가졌던 기도 모임에서 시작되었다. 메건은 자신의 남편이 모든 타고난 능력과 재능을 발휘했지만 결국 실패하고 나서 기도를 시작했다고 말한다.

"모든 사람들이 기도가 필요하듯 우리 사업에도 기도가 필요하다는 걸 느꼈죠." 메건은 목사의 역할을 해 줄 행정적 조력자와 더불어 2년 동안 전임 중보 기도자를 임원으로 고용했음을 지적한다. "우린 모든 개발업자와 직원, 그들의 배우자와 가족을 위해 기도합니다. 대부분의 사업가들은 그들이 주일날 배운 원리를 월요일에도 적용할 수 있다는 사실을 이해하지 못해요."

오늘날 하나님께서 일터에서 그토록 강력하게 활동하시는 데 대해 데니스는 이를 21세기에 들어와 교회가 재정의되는 것에 그 이유를 돌린다. "사실 1세기 신자들은 그들이 가는 곳마다 교회의 영향력을 몰고 다녔지만, 오랫동안 교회란 보통 우리가 주일날 가는 장소와 연관되어 있었죠. 가장 의미심장한 활동이 바깥세상에서 일어나야 하는데도 그리스도인들은 자신들의 성전에만 주의를 기울여 왔습니다."

"우리는 기도 모임을 가지고 목사님들을 초청해서 부흥을 일으키기 위해 열심히 노력해 봤지만, 그다지 효과가 없었습니다." 데니스의 말이다. "진정한 권세는 교회 바깥에 있습니다. 우리가 미국에서 부흥을 목격하려면 그리스도의 몸 전체가 함께 협력해야만 합니다. 저는 하나님께서 이렇게 말씀하시는 것 같아요. '만일 부흥이 일어난다면, 그건 일터에서 일어날 것이다.'"

하지만 도일 부부가 쌍둥이 도시(Twin Cities, 미니애폴리스와 세인트폴은 규모도 비슷하고 옆에 붙어 있어 쌍둥이 도시라고 불린다-편집자)에서 사업에 기반을 둔 유일한 일터 사역자들은 아니다. 변호사 제이 베네트(Jay Bennett)와 그의 아내 샐리(Sally)는 개인적으로 활동하면서 도일 부부와 협력하여 그들의 지역에 범람하는 가난, 기아, 마약 중독, 성매매, 외로움 등의 문제와 맞서 왔다.

몇 년 전, 베네트는 자신의 전공인 회사법을 활용해서 사업과 믿음의 지도자 간의 협력을 창출하는 네트워킹 사역인 왕국 정유 (Kingdom Oil)를 세웠다. 돈, 재능, 기도의 자원을 연합함으로써 왕국 정유는 번창하여 그 공동체를 발전시키고 사람들에게 희망을 주고 있다.

이는 문제에 돈을 투입하는 그런 사뭇 막연한 개념이 아니다. 베네트는 이것을 영적 투자 은행이라고 생각한다. 투자자 연합은 선교사들과 관계를 맺어 그들의 과업을 이행할 수 있게 그들을 준비시키는 일을 돕는다. 여기에는 선교사들에게 그들의 노력을 관리하는 데 필요한 기술을 개발하고 연단하는 방법을 알려 주는 일이 포함된다. 기독교 재단의 규약 아래 조직된 왕국 정유는 자비와 정의를 북돋우는 아홉 가지 '자산'이 있다.

베네트는 다음과 같이 말한다.

"우리의 비전은 이 쌍둥이 도시를 하나님의 나라로 만드는 것이며, 우리의 사명은 이 비전이 실현될 때까지 이를 선포하고 알리는 것이다. 예수님은 하나님 나라가 가까이 왔다고 가르치셨으며, 그것은 변하지 않는 가르침이다. 나는 내 법률회사를 사역의 장소로 본다. 일터는 우리가 선포하는 내용을 살아 냄으로써 복음을 증명해 보일 수 있는 곳이다. 우리는 재능을 활용해서 이웃을 섬기고 주님이 의도하신 것과 더욱 닮아 가도록 우리 공동체를 변화시킨다. 나는 사람들이 일을 신성한 것으로 바라보게 하려고 노력한다. 사업가 한 사람이 이 사실을 파악하고 깨달아서 삶으로 살아 내기 시작하면, 모든 일은 변화하고, 일은 훨씬 재미있으며, 강한 흡인력을 지니게 된다.

나는 지도자들이 자신이 강력한 사역의 현장에 놓여 있음을 깨닫는 곳에 진취적이고 강력한 자각이 일어나는 것을 목격한다. 교회와 주(州) 같은 인위적 장벽이 존재할 필요는 없다. 신앙에 근거한 사역은 전통적인 복지와 정부의 노력이 만족시키지 못했던 기회들을 제공한다. 하지만 우리의 역사는 너무 고립되고 분산되어 왔다. 교회는 어떤 한 사람이나 단일사업보다 더 거대한 전략적 계획을 구성해야 한다."

과거를 반추해 보며 베네트는 이 과업을 1800년대에 개발된 미국의 전국적 철도망과 비교한다. 센트럴 퍼시픽(Central Pacific)과 유니언 퍼시픽(Union Pacific)은 정부에서 "유타에서 만날 거요"라고 말한 뒤에야 교차하게 된 두 개의 주도로를 소유하고 있었다. 이와 비슷하게 교회는 그리스도에 대한 믿음과 사회의 나머지 영역 간에 교차로를 제공해야 할 필요가 있다. "나는 이웃을 사랑하라는 두 번째 계명을 통해 많은 사람들이 그리스도께 나올 것이라고 생각한다. 이웃을 사랑할 줄 알게 되면 하나님을 사랑하라는 첫 계명도 이해하게 될 것이다."

사회를 변화시키기

왜 잘나가는 부동산 실무자와 뛰어난 변호사가 사회 문제를 염려하고, 나아가 어떤 조치를 취하려 드는 것일까? 부패와 부정은 일소되어야 하기 때문이다. 사회 변화를 위해 필요한 노력을 기울이는 이러한 지도자들은 하나님이 세상의 모든 도시와 국가에서 불러내신 일터 사역자일 것이라고 나는 믿는다.

'정의'와 '공평'은 성경에서 밀접하게 연결돼 있고 거의 같은 뜻으로 쓰인다. 이들은 분명 하나님의 본질의 일부지만, 바울이 로마서 9장에서 논한 '정의'와 '공평'을 통해 우리는 그와 같은 사도의 마음의 외침도 들을 수 있다. 그는 정의와 하나님의 자비하심을 향해 나아가는 것을 말하며, 그분이 택하신 모든 이에게 긍휼을 보이시는 분이심을 우리에게 상기시킨다. 그리고 바울은 하나님의 자비와 능력에 대해 기록한다. 공평에서부터 정의, 긍휼, 자비 그리고 능력에 이르기까지, 여기에서 진행의 과정이 보이는가? 사람들이 불의에 대항하면 하나님은 긍휼과 자비를 더하시고 그들은 능력을 발휘할 비결을 얻는다.

어떤 이들은 이렇게 말하기도 한다. "우린 오랫동안 교회 프로그램을 통해 불의와 싸워 왔어요. 왜 이것을 일터 사역자의 활동이라고 부르시죠?" 당연히 전직 목회자로서 나는 이것이 교회가 지닌 오랜 과제의 일부였음을 인정한다. 가난한 이들과 권리를 빼앗긴 이들을 위한 사역은 거의 모든 주요 대도시 권역에 존재한다. 그럼에도 일터 사역자가 이 영역에 뛰어들면 큰 변화가 생긴다. 그들은 그런 사역이 대부분 지니지 못한 것, 즉 돈, 영향력, 권세를 지닌다.

쌍둥이 도시에서 일어나는 놀라운 변화를 지켜보면서, 나는 유일무이하지는 않지만 보기 힘든 무언가를 목격했다. 오랫동안 내게 익숙한 대부분의 대도시 빈민가 사역들은 안타까울 정도로 재정이 부족해서 늘 쪼들린 상태로 활동해 오고 있다. 이런 비극적인 상태는 사역자들이 자신들이 돕고자 하는 사람들만큼 가난해 보이게 만들었다.

하지만 권위 있는 일터 사역자들이 이 전투에 가담할 때, 재미있는 일이 일어난다. 이 영향력 있는 사람들은 자신의 영향력 있는 친구를 불러 모은다. 그리고 갑자기 일에 속도가 붙는다. 이것이 '도시를 위한 소망'이 급속히 성장한 주된 이유다. 더 큰 다른 조직도 있지만, 그렇게 빨리 성장한 예는 많지 않다. 데니스 도일은 이렇게 말한다. "우리 친구들이 내게 기부하기 위해 그리스도인이 될 필요는 없습니다. 그들은 가난한 사람들을 염려합니다. 이런 노력을 기울이는 데 그리스도인인가 아닌가는 문제가 되지 않습니다. 핵심은 당신이 사람들을 돕고 싶은가 하는 것입니다."

앞으로 다른 일터 사역자들이 인종주의, 가난, 차별, 여타 다른 불평등에서 파생되는 불의에 대처하기 위해 부름받을 것이다. 특히 나는 흑인 사회에서 일터 사역자를 발굴하고 준비시키는 운동에 참여해서 이를 지켜보는 특권을 누리고 있으며, 이 사회는 사회의 다른 어떤 구역보다 급속도로 교회가 성장하고 있다.

오늘날 미국에는 많은 앞선 흑인 목회자들이 눈에 띄고 있다. T. D. 제이크(T. D. Jakes) 감독, 에디 롱(Eddie Long) 감독, 케이스 버틀러(Keith Butler) 감독, 쉘튼 베이디(Shelton Bady) 감독, 노엘 존스(Noel Jones) 감독, 크레플로 달러(Creflo Dollar), 얼 레이(Earl Ray) 감독 등 교회 회중과 자신의 도시를 넘어서는 많은 지도적 목회자들이 배출되고 있다. 이와 마찬가지로 나는 다가올 일터 사역자들은 유색 인종이 많을 것이라 믿는다. 수백만 달러의 포장회사 소유주인 앨 홀링스워스(Al Hollingsworth)와 식당 프랜차이즈의 첫 흑인 사장인 제롬 에드몬드슨(Jerome Edmondson)이 실례가 된다.

일터 사역 컨퍼런스의 강사이기도 한 홀링스워스는 직원 천 명과 함께 다섯 개 주에 분포되어 있는 알데라노(Aldelano)라는 회사를 운영한다. 미시건 주에 자리한 이 회사는 프링글스 깡통과 팝타트 봉지 같은 우리에게 익숙한 용기들을 생산한다. 최근 「카리스마」지는 인물 소개란에서 61세의 홀링스워스가 그의 수첩을 골프 약속과 휴양지에서 빈둥거리는 일로 채울 수도 있는 나이임을 지적하면서, "대신 그는 (회사 운영에다) 그리스도인 청년과 성인들에게 목적의 힘, 힘든 일의 유익, 또 그 자신이 그랬듯 그들의 꿈이 비전에서 현실로 변화하는 것을 볼 수 있는 방법을 가르치며 열심히 일하고 있다."[1]고 소개했다.

홀링스워스는 이 일을 그와 그의 아내 해티(Hattie)가 구상했던 두 개의 교육 프로그램을 통해 실행하고 있다. 7세에서 19세의 유소년들을 위한 프로그램은 '영적 자산 건설하기'(BOSS)로 불리는데, 여기서는 자신감, 자기 존중, 화술 능력, 경건한 직업 기술을 개발하도록 그들을 훈련한다. 같은 맥락에서 어른들을 위한 노력인 '수직 도약'은 성경을 기반으로 한 성공 훈련 세미나를 말한다. 「카리스마」지 기자는 이것이 하나님께서 대학에서 40년 전에 홀링스워스에게 깨닫게 해 주신 목적의 일부라고 말한다. "이것은 우리(홀링스워스와 그의 아내)가 부여받은 중추 역할입니다. 우리는 하나님 나라의 사업가들입니다."[2]

제롬 에드몬드슨은 그의 자서전 「최대의 역경 : 인생의 실패를 성공으로 변화시키기」(Maximizing Misfortune: Turning Life's Failures Into Successes)에서 할머니에게 양육되었던 경험을 얘기한다. 남부 미주리 주의 침대 두 개짜리 낡은 집에서 여섯 형제들과 함께 자라났지만, 그는 하몬데일의 고등학교에 갈 때까지는 결코 가난의 영향력을 느끼지 못했다. 에드몬드슨이 무료 급식을 받는 동안, 다른 부유한 학생들은 차를 몰고, 좋은 옷을 입으며, 직접 돈을 내고 점심을 사먹고 다녔는데, 이는 당혹스럽고도 쉽게 숨길 수 없는 일이었다.

더욱이 그가 목화, 밀, 콩, 수수밭 사이로 난 먼지투성이 길을 혼자 걸을 때 이 미래의 기업가는 자신의 주변에서 보이는 것과는 다른 삶을 꿈꾸었다. 매일 이 젊은이는 저주스런 굴레와 가족의 가난뱅이 근성을 깨뜨리는 선구자가 되겠다는 결심을 더욱 굳혀 나갔다. "난 늘 성공하려는 꿈이 있었다. 이 꿈은 마치 곡식이 봄마다 검은 대지에서 자라나는 것과 마찬가지로 내 영혼 속 깊이 심어져 영양을 공급받았다. … 기대에 찬 농부는 매년 자신의 꿈을 실현했고, 나는 농부의 꿈인 들판이 그를 위해 수확을 내는 것을 지켜보았다. 그러면서 언젠가 나도 내 속에서 할머니와 내게 기회가 될 무언가를 생산해 낼 수 있을 거라는 희망이 생겼다."[3]

또한 결과적으로 그의 꿈이 현실이 되기 전에 에드몬드슨은 자신의 영혼에 깊이 박힌 실패를 어떻게 극복해야 했는지에 대해 기술한다. 시골에서 자라났으므로 그의 주위에 있는 모든 사람은 면화, 콩, 옥수수를 경작했다. 흑인들은 그 들판이 처음 경작된 이후로 그들이 그래 왔던 것처럼 노동력을 형성했다. 그들은 자신이 애써 일한 땅을 소유한 적이 드물었다. 그처럼 미래에 대한 그들의 기대는 낮았다. 에드몬드슨은 그의 고향에서 할 수 있는 최고의 일은 머리를 낮추고 말썽을 피하면서 주말이면 지루한 인생을 술로 마셔 버리는 것이라고 기록한다.

에드몬드슨은 말한다.

"당신이 인생에서 성공하려면 당신의 정신에 박혀 있는 실패와 대면해야 한다. 나는 내 머릿속에 든 것을 지워 내야 했다. 알다시피 내 정체성은 내가 받아 온 낮은 기대치에 길들여져 있었다. 나는 내가 정말 누군지 발견해야 했다. 내 주위 사람들의 시각이 아니라 하나님의 시각으로 말이다. 나의 참된 정체성을 발견하는 것은 성공을 얻는 데 필요한 설명을 제공받는 일종의 선물이다. 당신 자신이 누군지 모른다면 다른 누군가를 도울 수 없으므로 자아 발견은 성공으로 가는 첫 번째 열쇠다. 기회에 필요한 것이 바로 정체성이다.

나는 꿈의 영역에서 믿음, 곧 주변에서 보이는 어떤 것을 넘어선 그 무엇을 찾으려는 믿음을 발전시켰다. 나는 더 대단한 사람이 되고 많은 것을 소유하기를 꿈꾸며 자랐다. 나는 매일 밤 별을 올려다보았고, 별은 하나님이 나를 위한 비전을 갖고 계신다는 희망을 주었다. 나의 창조주는 내가 하몬데일에서 접했던 좁은 정의를 훨씬 뛰어넘는 운명을 마음에 품고 계셨다."[4]

포로를 해방시키기

여전히 사람들을 인질로 잡아 두는 많은 속박들은 차별적인 사고방식의 결과다. 그런 잘못된 견해는 드러나고 고쳐져야 한다. 굴레는 사람들이 자신의 인생의 결정적인 순간에 잘못된 선택을 하는 까닭에 존재한다. 잘못된 사람과 결혼하거나 마약에 빠지거나 학교를 그만두기도 한다. 많은 사람들이 여전히 그 선택의 결과와 더불어 살고 있으며, 이밖에도 잘못된 선택은 가난으로, 형편없는 직업 기술로, 깨어진 관계로 이어진다.

가난은 세상의 보편적인 조건을 나타낸다. 마찬가지로 가난뱅이 근성은 단지 가난하게 자란 사람들만이 아니라 모든 경제적 수준에 있는 사람들을 괴롭힌다. 가난뱅이 근성은 악마의 요새다. 이것은 단지 사람들에게서 물질을 떼어놓는 것뿐 아니라, 그들의 삶에서 하나님의 소명을 달성하지 못하게 만드는 일도 포함된다. 어마어마한 양의 돈을 소유했으나 항상 그걸 잃어버릴지도 모른다는 두려움으로 전전긍긍하는 사람은 이런 종류의 굴레에 갇힌 것이다. 이런 정신상태의 사람은 돈이나 시간, 자원 등의 물자를 쌓아 놓도록 자극한다. 물론 그 반대의 사람들은 하나님의 일에 자신의 것을 내어놓아 그분의 목적을 달성하게 만드는 넓은 마음이다. 이런 사고방식이 일의 전체적 요소가 되어야 한다. 선물을 받은 사람들은 이를 풀어놓아 다른 사람들도 자유롭게 누릴 수 있도록 해야 한다.

성경은 처음 아담과 하와가 하나님께 불순종했을 때, 하나님은 땅에 저주를 내리셨다고 말한다. 땅은 양식의 창고였다. 하루의 일은 총체적으로 땅과 연결돼 있다. 그래서 하나님이 땅을 저주하셨다는 창세기 3장 17절 말씀을 실생활에 적용하면, 하나님은 인류의 직업과 양식을 얻을 곳을 저주하신 것이다.

하지만 예수께서 십자가에 달리심으로 이 저주의 힘을 깨어 버리셨다. 많은 사람이 예수께서 그들과 하나님과의 개인적 관계에 대해 하신 일을 받아들였다. 하지만 이 진리는 일, 즉 사람들이 양식을 얻는 원천에도 적용되어야 한다. 예수께서 하신 모든 일을 이해함으로써 우리는 빈곤한 정신상태를 깨 버릴 수 있다. 우리는 탐욕과 계층 간 질투, 여타의 갈등에 불을 지피는 자원 부족에 대한 두려움의 굴레를 깨뜨려야 한다. 일터 사역자들은 바로 이런 돌파구를 제시하는 위치에 있다.

2장에서 말했듯이 오랜 세월 동안 복음주의자들은 누가복음

19장 10절을 잃어버린 자를 찾으라는 명령으로 인용해 왔다. 우리는 하나님께서 어느 누구도 지옥에서 멸망하기를 원치 않으신다는 것을 알기에 이것은 전도를 위한 굉장한 말씀이다. 하지만 예수 그리스도의 존재가 부유한 세리장이었던 삭개오에게 미친 극적인 영향은 주목할 만하다.

삭개오가 자기 재산의 반을 가난한 이들에게 주겠다고 헌신한 뒤에 예수님은 아브라함의 자손인 그에게 구원을 주러 오셨다고 선언하시고, 뒤이어 잃어버린 자를 구원하러 오셨다고 말씀하셨다. 주님이 하신 말씀의 전체적 영향을 절실하게 느끼려면, 예수님이 십자가에서 돌아가심으로써 완성된 것을 기억해 보라. 하나님의 온전한 구속의 목적을 절실히 느끼고 그 안에서 살아가는 데까지 가지 않는 것은 하나님께서 그분의 자녀들이 이루도록 명령하신 모든 것에 미치지 못함을 뜻한다.

예수께서 십자가에서 돌아가셨을 때, 그분은 아담과 하와의 불순종에서 유래한 저주를 깨뜨리기 위해 인류를 대신해서 저주의 대상이 되셨다. 사람들은 더 이상 저주의 세력 아래 살아갈 필요가 없다. 나는 일터 사역자의 역할 중 하나는 저주의 영향 아래에서 벗어나는 그리스도의 몸을 돕는 일이 될 것이라고 믿는다. 굴레를 깨뜨리기 위한 기름부으심은 일터 사역자에게 맡겨질 때 가장 적합하다. 이는 부족하고 사전에 빠뜨린 특질을 복음의 전체 메시지에 통합시킨다(이 기름부음은 내가 7장 '부의 이전'에서 살펴볼 특징과 맞아떨어지고 이를 보완한다).

수백만의 그리스도인들은 십자가가 살면서 고의나 부주의해서 하는 실수인 죄에 관한 그들의 삶으로부터 저주의 사슬을 깨뜨릴 하나님의 도구임을 이해한다. 하지만 십자가는 더 폭넓은 의미가 있다. 그리스도의 능력은 모든 영역의 굴레에 적용되며 여전히 많은 사람들에게 영향을 미친다. 가난, 침울, 억압, 괴로움, 분노, 그 외 다른 형태의 굴레들은 저주를 깨뜨리는 십자가의 능력에 맞닥뜨릴 때 굴복할 수밖에 없다.

바울은 이 사실을 갈라디아서에서 가장 잘 표현했다. "그리스도께서 우리를 위하여 저주를 받은바 되사 율법의 저주에서 우리를 속량하셨으니 기록된바 나무에 달린 자마다 저주 아래 있는 자라 하였음이라 이는 그리스도 예수 안에서 아브라함의 복이 이방인에게 미치게 하고 또 우리로 하여금 믿음으로 말미암아 성령의 약속을 받게 하려 함이니라"(갈 3:13-14).

하나님께서는 그분의 자녀들을 위해 '아브라함의 복'을 약속하시고 이 구약의 선지자를 오늘날 자유롭게 살아가는 모습의 훌륭한 본보기로 삼으셨다.

속박 깨뜨리기

나는 이 장을 로마서 8장을 지침으로 사용하여 속박을 깨는 데 대한 간단한 성경 고찰로 결론을 내리려 한다. 18절에서 바울은 현재의 고난에 대해 이야기한다. "생각건대 현재의 고난은 장차 우리에게 나타날 영광과 족히 비교할 수 없도다." 사실 오늘날 많은 이들은 고난이나 속박에 처해 있다. 하지만 (여전히 현재 시제로 말하는) 19절에서 바울은 현재의 기대에 대해 말한다. "피조물의 고대하는 바는 하나님의 아들들의 나타나는 것이니."

이 구절에 대해 두 가지 주목할 진리가 있다.

1. 피조물은 기대한다.
2. 피조물은 하나님의 아들들이 나타나기를 기다린다.

이 피조물은 무엇인가? 쉽게 대답하면 창조된 모든 만물이다. 하지만 더 가까이 들여다보면 바울은 아주 개인적인 것을 말하고 있다. 이 장 전체는 사람들이 어떻게 성령의 자유함 속에서 살아갈 수 있는지에 대한 논의다. 피조물을 더 잘 적용해 보면 '당신이 창조된 이유' 다. 바울은 운명과 목적을 얘기하고 있다. 그리고 그는 모든 인생에 드리워진 보이지는 않지만 아주 현실적인 영적 목적(하나님의 창조)이 그가 한 발 그 안으로 들어오기를 기대하며 기다린다고 말하는 것이다.

기억하라. 하나님께서 인류를 창조하신 목적 중 하나는 일을 하기 위해서다. 인간 존재의 중심에는 하나님과 협력하는 일, 창조주를 경배하는 일이 있다. 죄가 세상에 들어왔을 때 하나님은 일을 저주하셨다. 그리고 눈 깜짝할 사이에 모든 것이 달라졌다. 일은 수고가 되었다. 이 상황에 긴장이 더해졌다. 노동은 무거운 짐이 되었다. 예수께서 십자가 위에서 돌아가셨을 때, 그분이 하신 일의 일부는 사람들을 그들의 최초의 목적, 즉 투쟁과 속박이 없는 일로 그들을 돌이키기 위한 것이었다.

이 사실을 염두에 두고 바울이 로마서 8장에서 말하는 바를 생각해 보라. 사람들이 창조된 목적은 하나님의 계시가 나타나는 것을 기다리는 것이다. 20절에서 주목하듯, 그 목적은 허무한 데 굴복해 왔다. "피조물이 허무한데 굴복하는 것은 자기 뜻이 아니요 오직 굴복케 하시는 이로 말미암음이라." 모든 사람이 아무 진전 없이 일하는 그런 절망을 경험할 때가 있다. 판매량은 좀처럼 기대한 대로 올라가지 않고, 약속한 임금 인상은 감감무소식이며, 컴퓨터는 난리가 나거나, 어떤 직원은 직장 돈을 횡령해서 파산 지경에까지 이르게 되는 경우가 그 때이다.

이런 이유로 인해 20절은 참 흥미로운 구절이 된다. 이 구절은 하나님이 피조물을 허무한 데 속하게 하셨다고 말하기 때문이다. 다시 말하면, 악마를 탓할 필요는 없다는 것이다. 하지만 이 구절에서 하나님은 마음에 품고 있는 소망이 있다고 말한다. 무슨 소망인가? 그의 자녀들이 저주를 깨는 데 사용할 능력을 발견할 것이라는 소망이다. 바울은 계속해서 21절에서 피조물(당신의 목적, 운명, 양식/직업)이 속박에서 구원받아 사람들이 활보하는 동일한 자유로 들어설 것이라고 말한다. "그 바라는 것은 피조물도 썩어짐의 종노릇 한데서 해방되어 하나님의 자녀들의 영광의 자유에 이르는 것이니라." 다시 말하면, 그리스도를 영접할 때 받은 자유를 일터에서도 경험할 수 있다는 것이다. 어떤 사람이 마약, 알코올,

도박 중독, 또는 여러 해 동안 그들을 속박했던 다른 습관의 중독에서 해방되었다면, 그들은 하나님께서 그들의 직업 생활에서도 속박을 떨쳐 버리게 해 주실 것이라고 기대할 수 있다.

이 글을 읽는 누군가는 이렇게 물을지 모른다. "하지만 내가 구원받았을 때 그 일이 일어나지 않았나요?" 그럴 가능성과 능력은 존재한다고 답하겠다. 사람이 예수님을 개인적으로 영접해야 하는 것처럼(다른 사람이 그런 결정을 해 줄 수는 없다), 여전히 같은 원리가 적용된다. 다른 사람은 아무도 그 일을 해 줄 수 없으며 사람들은 스스로 이렇게 선포해야 한다. "나는 예수 그리스도의 보혈의 능력을 힘입어 오늘 너의 모든 형태의 사악한 굴레를 깨뜨린다. 하나님은 내가 원하는 모든 것을 제공해 주실 것이며, 나는 나의 소명, 나의 목적, 나의 운명을 완수할 것이다."

마지막으로 22절을 생각해 보라. 여기에서 바울은 피조물의 고통을 이야기한다. "피조물이 다 이제까지 함께 탄식하며 함께 고통하는 것을 우리가 아나니." 나는 바울이 영원한 목적을 낳는 데 수반되는 출산의 고통을 가리킨다고 믿는다. 많은 기독교 사업 지도자들이 '전임사역에 뛰어들 수 있게' 언젠가는 그들의 직업을 그만둘 것이라는 희망을 품고 그들의 직장에서 하나님을 섬겨 오고 있다. 오늘날 일터 사역운동을 지배하는 원리가 이러하므로 하나님은 그 메시지를 크게 선포하신다고 나는 믿는다. "나는 네가 직장 환경에서 나를 섬기도록 불렀다. 이것이 너의 목적, 곧 내가 너희에게 재능을 준 이유다. 내가 네게 원하는 건 바로 이것이다. 이제 너의 충만한 운명으로 한 발을 내디더라."

어떤 이들은 이 말씀을 읽으면서 이런 출산의 고통을 느끼고 있을지도 모르겠다. 하나님을 찬양하라. 오늘은 새로 아기가 태어나듯 당신의 운명에 대한 자각이 나타나는 날이다. 당신은 그냥 일을 하는 것이 아니라 영원한 목적을 달성하는 데로 나아가며, 단지 존재하는 데서 경건한 운명으로 변화된다. 데니스와 메건 도일이 미니애폴리스와 세인트폴에서 가난한 이들을 돕기 시작했을 때, 그들은 자신의 부동산 회사를 문 닫고 그들의 교회를 통해 이 일을 할 수도 있었다. 세상의 수많은 사람들은 그들이 사업을 지속한 것에 대단히 기뻐하고 있다.

Chapter 7
Wealth Transfer

7장

부의 이전

"네 하나님 여호와를 기억하라 그가 네게 재물 얻을 능을 주셨음이라 이같이 하심은
네 열조에게 맹세하신 언약을 오늘과 같이 이루려 하심이니라" (신 8:18).

린다 리오스 브룩(Linda Rios Brook)은 화려하고 영향력 있고 돈 잘 버는 텔레비전 매니지먼트 직종에서 승승장구해 왔다. 하지만 회사의 주역으로 떠오르는 과정에서 그녀는 기대치 못했던 직업의 갈림길에 서게 되었다. 단 한 번의 선택으로 그녀는 미네소타 주의 미니애폴리스와 세인트폴에서 가장 영향력 있는 여성으로 인정받던 위치에서 실직자 계열로 내려앉았다.

그녀의 선택은 무엇이었던가? 그녀가 일했던 회사의 최고 경영자는 그녀에게 어떤 공적인 자리에서도 개인의 신앙을 드러내지 말고 교회의 성경공부반에서 가르치는 일도 그만두라고 명령했다.[1]

나는 린다가 일터 사역자 컨퍼런스에서 이 얘기를 하는 것을

들은 적이 있다. 그녀는 이 말을 하면서 자신을 순교자로 볼 사람은 아무도 없을 거라고 단언했다. 진짜 선택은 그 최고 경영자가 제시한 것이 아니라 주 예수께서 그녀에게 제시한 것이라고 그녀는 말한다. 린다는 여기에 맞서 계속 공개적으로 그리스도를 인정했는데, 그것은 바로 「포춘」(Fortune)지 선정 500대 기업에 드는 회사의 직위를 그만둬야 한다는 뜻이다.

이 얘기는 여기에 어떻게 맞아 들어가는가? 회사를 그만둔 직후, 그녀와 그녀의 남편 래리(Larry)에게 쌍둥이 도시에서 파산한 텔레비전 방송국을 250만 달러에 매입하라는 제안이 들어왔다. 40명의 투자자를 모아서 그들은 결국 그 지방 방송국을 사들였다. 방송국을 세운 지 6년 후에 그들은 5천만 달러의 이익을 내고 방송국을 팔았다. 이 말은 투자자들에게 약 2천 퍼센트의 이익을 돌려줬다는 뜻이다.

이리하여 그녀가 회사를 그만둔 7년 동안, 린다와 그녀의 남편은 하나님의 인도로 주님의 나라에 유익을 끼치는 막대한 부의 이전을 경험했고, 이 계약에 투자했던 그리스도인들 중 많은 사람들이 부유해졌다. 방송국을 매각하던 그 주에 그들은 약 200만 달러 가치의 주식을 쌍둥이 도시의 기독교 단체들과 대학에 양도했다. 어떤 지역 교회는 80만 달러 가까이 받았다.[2]

그녀의 책 「끝나거든 날 깨워요」(Wake Me When It's Over)에서 린다는 자신이 이 모험에서 배웠던 교훈에 대해 얘기한다. 그녀는 방송국을 주님이 그녀에게 명하신 대로 세우는 대신, 텔레비전 방송국을 교회처럼 세워 나가려고 애썼다고 말한다. 투자자들을 기쁘게 해 주려고 유명한 해설자 러쉬 림보(Rush Limbaugh)의 텔레비전 토크쇼를 방송하려던 일에 관한 재미있는 일화가 있다. 이 방송권을 얻으려면 "제리 스프링거 쇼"를 방송해야 했는데 이는 가족 중심의 기독교 프로그램을 방송한다는 그들의 목표에는 완전히 반대되는 것이었다. 하지만 이것이 계약 조건이었다. 러쉬를 얻기 위해서 그녀는 제리를 택해야만 했다. 린다는 "제리 스프링거 쇼"를 밤 11시에 방송함으로써 어떻게든 그 방송을 무시하려 애썼지만, 그럼에도 그 쇼는 방송국 최고의 시청률 프로그램이 되었다고 얘기한다.[3]

린다는 이것이 주님에 의해 어떻게 사용되었는지 이렇게 얘기했다.

그때 주님께서 말씀하셨다. 그분은 밤늦게까지 잠도 안 자고 "제리 스프링거 쇼" 같은 프로그램이나 보는 사람들은 내 생각에 어떤 사람들일 것 같냐고 물어보셨다. 나는 속으로 그런 사람들은 잠은 안 오고 갈 데도 없는 사람들로, 그들은 자신의 삶보다 더 절망적인 인생은 없나 두리번거리며 찾고 있을 거라고 생각했다. 친구도 많이 없을 테고 말이다. 아마 친구가 전혀 없는 사람들일지도 모른다. 그러자 이런 생각이 떠올랐다. 마치 고급 유리잔 위에 놓인 은수저처럼 선명하게. "친구가 필요하신가요? 이 번호로 전화하세요." 나는 이를 쉽게 생각해 냈다. "제리 스프링거 쇼"의 화면 밑단에 10분 간격으로 지나가는 것이 바로 이 문구다.

'사랑의 전화'라 불리는 위기 상담 전화를 운영하는 댄(Dan)과 다이앤 몰스태드(Diane Morstad)는 우리의 기도 동역자이자 신실한 친구이다. 나는 댄에게 "제리 스프링거 쇼" 화면에 "친구가 필요하세요?"라는 메시지와 사랑의 전화번호를 띄우고 어떻게 되는지 지켜보는 게 어떠냐고 물었다. 그는 그 시도에 동의했다. 어떤 일이 일어날지는 아무도 예상치 못했다.

바로 첫날 밤부터 친구 찾는 전화가 위기 상담 전화의 횟수를 넘어섰다. 그들은 길도 없이 외롭고 우울하여 그들을 염려하는 척하는 누군가에게라도 필사적으로 말하고 싶어 했다. 그들 중 많은 사람, 문자 그대로 수천 명의 사람들이 전화를 통해 예수 그리스도의 구원의 은혜로 인도되고 지역 교회에서 양육받도록 보내졌다.[4]

이런 유별난 전도 방법은 전통적인 교회 공동체 안에서 신랄한 비판을 받기 마련이지만, 하나님은 표면상 이런 방법이 아무리 이상해 보인다 해도 사람을 구하는 일에 함께하신다. 이와 마찬가지로 하나님은 그분의 나라를 세우도록 돕는 데 당신의 직업을 사용하고자 하신다. 린다 리오스 브룩의 이야기에서 나타나듯이, 하나님은 당신이 이런 사역으로 그분을 섬기려 할 때 재정적으로 축복하길 원하신다.

이 이야기가 놀랍게 들리겠지만, 나는 이제껏 독일과 이스라엘, 영국, 필리핀, 캐나다, 카리브 제도 및 미국 곳곳에서 이런 이야기들을 듣거나 목격했다. 내가 이 책을 쓰기 시작할 즈음, 나는 북 캘리포니아의 큰 교회에서 강연 중이었다. 그곳은 1년 전에 내가 방문했던 곳이었다. 첫날 아침, 두 부부가 같은 메시지에 반응하여 내게 다가왔다. "1년 전에 선생님이 저희를 위해 기도해 주셔서 사업을 시작했어요." 한 부부는 인기 있는 아이스크림 프랜차이즈를 운영하고 있었고, 다른 부부는 투자 회사를 시작했다고 했다.

여러 사람들이 그들을 위해 기도해 주고, 그들이 하나님의 지시에 반응한 뒤 둘 다 이 일에 연결된 것이다. 하나님이 그들에게 주신 계획대로 일하면서 그들은 하나님의 인도하심을 생활에서 경험하며 그 보상을 거둬들이고 있다. 꼭 재정적으로만이 아니라 풍성한 관계성으로, 그리고 그들의 지역 사회를 더욱 살기 좋고 번창하는 곳으로 만들기 위해 그들의 역할을 다하고 있다.

부를 창출하기

하나님은 사업을 통한 방법 외에는 부의 이전 계획을 세우지 않으신다. 이 말이 급진적으로 들리는가? 반성경적이고 비현실적인가? 만일 여러 세기 동안 설교되었던 성경의 전통적 해석을 받아들인다면, 이런 말은 당신을 언짢게 할지도 모른다. 하지만 이는 너무나 많은 그리스도인들이 성경을 사업가의 눈으로 바라보지 못했기 때문이다. 이 주제는 너무나 중요해서 성경적 근거의 설명을 좀 더 추가할 가치가 있다.

하나님은 신비한 방식으로 일하신다. 어느 날 저녁, 아내와 내가 좋은 친구인 폴(Paul)과 도나 콕스(Donna Cox) 부부와 저녁을 함께 하고 있을 때, 폴은 하나님께서 그에게 전해야 할 메시지를 주셨다고 내게 말했다. 여러 해 동안 나는 이런 형태의 많은 예언적 말씀을 받았다. 어떤 것은 15분이나 20분까지 이어졌다. 나는 종종 이렇게 긴 메시지를 타자기로 쳐서 그 방대한 분량의 말씀과 그것이 내 삶에 어떻게 적용되는지를 이해하기 위해 연구했다. 한 단락이나 한 문장 정도로 짧은 말씀들도 더러 있었다. 그런데 이 경우는 그보다 더 짧았다.

"주님께서 내게 이것이 자네 사역의 세 번째로 중요한 부분이나 단계 혹은 요소가 될 거라고 말씀하셨네." 폴이 말했다. "첫째는 사역이 교회가 아니라 일터, 즉 바깥 장터에서 일어나야 한다는 사실일세. 둘째는 이 부흥이 꼭 여기(교회)가 아니라 거기(일터)에서 일어난다는 거야. 교회에서 일어나는 만큼 일터에서도 쉽게 일어날 수 있지. 그리고 세 번째는 이 단어에서 나올 거야."

여기까지 나는 정신을 집중해서 듣고 있었다.

"그 단어는 '미디안' 일세."

"조금 더 말해 주겠나?" 하고 나는 물었다.

"아니, 그게 다일세. 그냥 미디안이야."

"이런, 그게 무슨 뜻이지?"

"이건 내가 아니라 자네한테 주신 말씀이야. 가서 잘 찾아보게."

미디안이 누구인지는 알았으나 나는 구약성경의 인물에 대한 중요성을 잊어버리고 있었다. 그래서 다소 멍한 채로 나는 성경에 나오는 미디안을 연구하기 시작했고 몇 가지 흥미로운 사실을 발견했다.

성경의 사소한 부분에 별 관심이 없는 이들을 위한 재교육 차원에서 말하자면, 미디안은 아브라함의 아들들 중 하나였다. 대부분의 사람들은 아브라함의 유명한 두 아들, 이스마엘과 이삭을 넘어가지 않는다. 하지만 이삭이 리브가와 결혼한 직후, 사라는 별세했고 아브라함은 두 번째 결혼을 했다. 그의 후처는 그두라로, 그에게 여섯 명의 아들을 더 낳아 주었는데, 그중 한 사람이 미디안이다. 이 아들은 미디안 족속으로 알려질 부족의 우두머리가 되었다. 그들은 구약성경 전체에 걸쳐 간간이 나타난다.

연구를 계속해 나가면서 나는 미디안의 조상들이 상인들이 되었음을 알았다. 얄궂게도 요셉을 그의 형들에게서 사들여 애굽에 팔아넘긴 것은 미디안 상인들이었다(창 37:28). 또 미디안 족속들은 이스라엘 자손들을 유혹했으며(민 25장) 기드온을 대적해서 싸웠다(사 6장). 이렇게 되면 누군가 이런 말을 할지 모르겠다. "그런데 왜 당신은 그들에게 이렇게 열을 올리는 겁니까? 그들은 하나님의 반대편에 서 있잖아요."

대개는 그랬다. 그렇지만 위에서 말한 첫 번째 예를 생각해 보라. 미디안 상인들 때문에 요셉은 애굽에 이르렀고, 그것은 그의 운명을 나타냈다. 하나님은 기드온이 직면한 전투를 사용하셔서 이 선지자에게 큰 군대 대신 하나님을 의지하는 법을 가르치셨다. 게다가 또한 모세가 이스라엘 자손을 약속의 땅으로 인도하는 동안 그의 장인인 이드로에게서 배웠던 핵심 교훈이 있다. 이드로는 사업가였다. 목사들은 그가 미디안의 사제였다는 사실은 언급하기 좋아하지만, 이에 앞서 모세가 광야에서 이드로의 양 떼를 돌보고 있었다는 사실은 간과한다. 사업가로서 이드로는 누군가를 고용해서 그의 재산을 돌보게 했다.

출애굽기 18장의 이야기를 풀어 설명하자면, 모세가 애굽에서 이스라엘 자손을 데리고 나온 후에 그의 민족을 자유로운 삶으로 인도하려고 준비할 때, 이드로는 이렇게 묻는다. "자네는 백성을 조직할 생각인가?"

"저는 방법을 모릅니다" 하고 모세는 대답했다.

이드로는 관리와 경영, 그리고 큰 기업을 운영하는 데 필요한 여러 세부사항을 알고 있었기 때문에, 그는 그 계획을 자세히 설명하고 천 명, 백 명, 오십 명, 열 명으로 나눠진 백성 중에서 유능한 지도자를 선출하게 했다. 그러고는 이 지도자들로 백성들 가운데 분쟁이며 다른 문제를 심판하게 했다. 만일 너무 중하거나 복잡한 문제가 있으면 모세에게 가져올 수 있지만, 그렇지 않은 경우는 이 지도자들이 부족의 실무를 관장하게 했다.

"그들이 그대와 함께 담당할 것인즉 일이 그대에게 쉬우리라" 하고 이드로는 약속했다. "그대가 만일 이 일을 하고 하나님께서도 그대에게 인가하시면 그대가 이 일을 감당하고 이 모든 백성도 자기 곳으로 평안히 가리라"(출 18:22-23).

그래서 미디안 족속은 한 가지 방법 이상으로 하나님께 쓰임받았을 뿐 아니라, 내가 이 주제를 더 깊이 연구했을 때, 나는 그들이 주님께서 그분의 자녀들에게 내려 주리라 약속하셨던 부의 이전과 연결되어 있음을 발견했다.

이 진리를 이해하는 핵심 구절은 이사야 60장 5-6절에 나타난다. "그 때에 네가 보고 희색을 발하며 네 마음이 놀라고 또 화창하리니 이는 바다의 풍부가 네게로 돌아오며 열방의 재물이 네게로 옴이라 허다한 약대, 미디안과 에바의 젊은 약대가 네 가운데 편만할 것이며 스바의 사람들은 다 금과 유향을 가지고 와서 여호와의 찬송을 전파할 것이며."

당신은 말씀의 의미를 파악했는가? 이방인(믿지 않는 이들)의 부가 미디안의 약대에 실려 하나님의 자녀들에게 온다는 말씀이다. 이것은 하나님이 원하시는 일에 대한 단서다. 오랫동안 사람들은 "주라 그리하면 너희에게 줄 것이니"라는 약속에 영향을 받았다. 그것이 진리이긴 하지만, 여기에는 사업이라는 꼭 필요한 퍼즐 조각이 빠져 있다. 우리가 미디안을 통해 살펴본 것은 이것이다. 즉, 하나님께서 당신의 사업을 축복하기 원하신다는 사실이다. 그분은 당신의 일을 축복하고자 하신다.

기적의 심리

많은 그리스도인들은 다가올 부의 이전에 대한 가르침을 들은 적이 있다. 교인들은 이에 대한 하나님의 약속을 사랑한다.

- 잠언 13장 22절은 이렇게 말한다. "죄인의 재물은 의인을 위하여 쌓이느니라."
- 우리는 아브라함의 유산에 우리 몫을 주장하고 싶어 한다. "땅의 모든 족속이 너를 인하여 복을 얻을 것이니라 하신지라"(창 12:3).
- 내가 미디안에 대한 연구에서 발견한 것은 이것이다. "열방의 재물이 (네게로) 옴이라." 이것은 이사야 60장 5절의 한 부분으로, 이 약속은 11절에서 반복된다. "이는 사람들이 네게로 열방의 재물을 가져오며…."

이 구절들은 어떤 대중들이든 흥분시킬 수 있다. 사실 나는 어떤 사람들이 이런 구절들을 사용해서 헌금하기 전에 사람들의 마음을 움직인다는 얘기를 들었다. 강사들은 그 여세를 몰아, 헌금을 하면 하나님이 약속하신 부의 이전을 받을 준비가 된다는 결론으로 몰아 간다. 다른 많은 구절들이 종종 이 점을 강조하는 데 사용된다. 여기에는 당신이 내어 주면 하나님이 당신에게 되돌려 주시고, 뿌리고 거둘 때 삼십 배, 육십 배, 백 배의 보상을 받는다는 성경 말씀이 포함된다.

이 모든 구절들은 진리이며, 성경의 약속들이다. 하지만 우리들 대부분은 아직 부의 이전을 보지 못하고 있다. 그것은 아직 이뤄지지 않은 미래의 꿈이다. 그래서 우리는 언제고 하나님이 그분의 말씀을 이행하실 거라는 기대로 그 약속을 붙잡는다. 약속이 이뤄지면 우리의 은행 계좌는 기적적이고 초자연적인 방법으로 채워질 것이다(아니면 적어도 우리는 이것이 일어날 거라는 미약한 희망에 매달린다).

문제는 이런 사고방식이 내가 2장에서 언급했던 기적에 의존하는 사고방식으로 이어진다는 것이다. 나는 기적을 믿으며 기적을 주시는 하나님께 감사한다. 내가 자라났던 교회는 더 이상 기적이 존재하지 않는다고 가르쳤다. 하지만 그런 내 생각은 우리 딸이, 그 다음에는 우리 아들이 초자연적으로 치유받고 나서 달라졌다. 우리는 기적을 믿지 않았지만 우리 자녀들에게 일어난 치유는 아직도 하나님이 기적을 베푸신다는 사실을 우리에게 보여 주었다.

나는 기적을 사랑하지만, 더 좋은 일은, 말하자면 기적을 필요로 하지 않는 것이다. 만일 암에 걸린다면 기적적인 치유가 필요하다. 하지만 더 좋은 것은 처음부터 암에 걸리지 않는 것이다. 만일 당신이 100만 달러의 빚을 졌다면, 어떻게든 지불할 수 있도록 기적을 필요로 할 것이다. 하지만 더 좋은 것은 통장에 100만 달러의 현금이 들어 있는 것이다. 우리는 모두 기적에 기댈 필요가 없는 데까지 이르기를 원해야 한다. 훨씬 더 좋은 것은 넘쳐흐르는 하나님의 자원 속에서 활동하는 것이며, 그 과정이 곧 사업이다.

그렇다 해도 이것은 당신이 우편함으로 가서 최근 「리더스 다이제스트」(Reader's Digest)의 내기경마 참가권을 발견하고, "오, 주님을 찬양합니다. 이것이 제 승리의 숫자군요. 어제 저는 수표로 헌금을 냈고 하나님이 보상해 주신다고 하셨으니까요. 이번에는 제가 이기겠네요"라고 외치는 것만큼 신나는 일은 아닐지 모른다. 아니면, "좋아요, 제가 천 달러를 교회에 냈으니 이제 복권 100장 사러 갑니다" 하는 선언과 함께 로또 복권을 합리화하는 일도 그렇다. 하지만 당신의 필요를 공급하시는 하나님의 계획은 로또도, 내기경마도, 신문사의 정보센터도 아니며, 교회나 정부도 아니다. 하나님의 부의 이전 체계는 바로 사업이다.

이사야 60장 5-6절은 금을 싣고 하나님의 자녀들에게 오는 미디안의 약대에 대해 말한 뒤, 9절에서 이렇게 덧붙인다. "곧 섬들이 나를 앙망하고 다시스의 배들이 먼저 이르되 원방에서 네 자손과 그 은금을 아울러 싣고 와서." 나는 다시스의 배에 대해서도 공부한 적이 있다. 그들은 오늘날 다국적 기업에 해당된다. 수송 수단이 페덱스(Federal Express), 유피에스(UPS) 같은 택배회사든, 이메일, 전신 송금, 직업이나 사업이든 하나님은 그분의 자녀들에게 금을 가져다주시리라 말씀하신다. 하지만 이것은 필시 미디안과 다시스의 배와 관계가 있으며, 그 핵심은 바로 사업이었다.

하나님은 일을 축복하신다

만일 당신이 이런 주제에 의문을 품는다면, 신명기 14장 28-29절을 보라. 이것은 이스라엘 자손에게 모세가 하는 긴 이야기의 일부다. 여러 장에 걸쳐 그는 다양한 법과 예식을 자세히 알려 준다. 이 구절에서 모세는 이스라엘 백성들에게 3년마다 그해 소출의 십일조(10퍼센트)를 가져와 그들의 제사장인 레위 지파의 필요를 공급하는 것을 도우라고 말한다. 중요한 결말은 29절 마지막에 나타난다. "그리하면 네 하나님 여호와께서 너의 손으로 하는 범사에 네게 복을 주시리라."

당신이 베풀 때 당신은 복의 문을 열게 되지만, 그것이 보통 즉각적인 기적을 통해서 오지는 않는다. 오히려 이것은 우리가 손으로 한 일에 대한 주님의 축복이다. 이 교훈은 다음 장에서도 반복되며, 여기서 모세는 가난하고 궁핍한 사람들에게 나눠 주는 것에 대해 이야기한다. 신명기 15장 10절은 이렇다. "너는 반드시 그에게 구제할 것이요, 구제할 때에는 아끼는 마음을 품지 말 것이니라 이로 인하여 네 하나님 여호와께서 네 범사(네가 하는 모든 일)와 네 손으로 하는 바(네 손이 닿는 모든 일)에 네게 복을 주시리라."

비슷한 내용이 신명기 16장 15절에도 나타나는데, 내용은 이렇다. "네 하나님 여호와께서 택하신 곳에서 너는 칠일 동안 네 하나님 여호와 앞에서 절기를 지키고 네 하나님 여호와께서 네 모든 물산(너의 생산하는 모든 것)과 네 손을 댄 모든 일(너의 손으로 일한 모든 것)에 복 주실 것을 인하여 너는 온전히 즐거워할찌니라."

오랫동안 소홀히 여겨지긴 했지만, 이 성경 말씀의 핵심은 하나님께서 우리가 떨어진 점을 이어 가기를 원하신다는 것이다. 누군가에게 베풀 때 기적적인 횡재를 위해 기도하는 대신, 당신의 일과 식량의 공급을 결부시킨다. 당신이 내어 줄 때, 하나님은 당신의 노동을 향한 축복을 열어 놓으신다. 당신이 하는 일에 염증을 느끼면서 아무 데도 가지 못하고 일해야 하는 것이 얼마나 힘든지 괴로워하며, 당신이 받아야 할 인정을 못 받아서 슬퍼하고 그만둬야 할 계책을 꾸미는 대신, 주님의 계획을 따르려고 노력하라. 하나님은 말 그대로 당신에게 이렇게 말씀하신다. "내 원리를 따르고 내 축복을 너의 일에 더하게 하여라."

자, 주는 것이 유일한 연결선은 아니다. 또 다른 방법은 믿음으로 기도하고 열심히 일하면 하나님께서 하나님 당신이 약속하신 축복을 돌려줄 그런 일을 주실 것임을 믿는 것이다. 그렇게 될 때, 공급은 꾸준히 흘러넘치게 되고, 편지 속에 생각지 못한 수표가 나타나길 기대하는 대신, 하나님께서 매주, 매달, 매년 채워 주실 것을 기대할 수 있게 된다. 신실하게 기도하고 하나님의 음성을 듣는 데 힘을 쏟으며 주님의 인도하심을 일터에 적용하는 까닭에 당신은 새로운 아이디어와 축복을 찾아낼 수 있을 것이다. 이런 일이 당장 내일은 일어나지 않을지도 모르지만, 하나님의 계획된 시간 속에 일어날 것임을 신뢰할 수 있다.

결국 내일 기적이 일어날 거라고 들떠 있다가 기적이 일어나지 않는다면, 어떻게 되겠는가? 믿음은 말할 것도 없고 기쁨도 쉽사

리 사라질 것이다. 목표는 당신의 삶이 하나님께 맞춰져서 하나님이 하루하루 공급해 주실 것을 신뢰하는 데까지 이르는 것이다. 다시 이사야 60장 11절로 돌아가 보면 이런 말씀이 있다. "네 성문이 항상 열려 주야로 닫히지 아니하리니 이는 사람들이 네게로 열방의 재물을 가져오며."

나는 이 진리가 실현되는 것을 보아 왔다. 내가 어떤 집회에서 강연할 때 한 남자가 과학자인 친구를 비롯해 예수 그리스도를 영접한 가족들의 숫자를 얘기했다. 또 그는 많은 돈을 소유하는 것에 대해 말했다. 그것이 어디에서 오는 돈이냐고 묻자 그는 이렇게 대답했다. "그것은 정상적인 일의 흐름에서 비롯되죠. 그리고 제가 돈이 많아진 후로는 어떻게 돈을 써야 하는지 다른 사람들에게 상담해 주고 있어요."

일터 사역자의 역할

일터 사역자는 이때를 위해 만들어졌다. 부의 생산과 이전을 위한 하나님의 계획은 사업이다. 정부가 부를 생산할 수는 없다. 정부의 주된 기능은 부를 가져가는 것이다. 물론 교회도 부를 생산하는 도구가 아니며 다른 책임을 가지고 있다. 하나님께서 부의 이전과 우리 손으로 수고하는 일을 축복하신다고 약속하셨으며, 일터에서 그분을 섬기도록 사람들을 부르셨다는 것을 알기 때문에, 우리는 하나님이 어떻게 부가 그분 나라의 일부가 되도록 계획하시는지 이해할 수 있다. 그분은 일터 사역자들의 모임을 훈련시켜 거대한 부를 창출하게 하신다. 그것은 일터 사역자들의 일곱 가지 주요 표징 중 하나다.

나는 주님께서 사업 영역에서 일터 사역자들을 위한 구체적인 계획을 세우셨다고 믿는다. 여기에는 개시되기를 기다리는 사용되지 않은 자원들, 창조적인 아이디어들, 새로운 모험적 사업들이 있다. 하나님의 음성을 듣는 법과 그분의 지식에 다가가는 법 그리고 성령의 능력으로 활동하는 법을 배우는 것은 일터 사역자들의 몫이다. 어떤 이들에게 이것은 더 효율적인 과정, 하나님이 지휘하시는 경영, 마케팅과 판매 혁명 같은 현재 시행되는 모험을 통해서 온다. 또 다른 사람들에게는 새로운 발견과 발명, 그리고 아직까지 드러나지 않은 사업 계획들이 있다.

이런 생각들의 상당 부분은 성경에 있으며, 성경을 부지런히 연구하면 발견할 수 있을 것이다. 실례로 영국에 있는 친구는 고대의 무역로를 발견하는 데 대한 지식을 찾아내려 애쓰면서 해결책에 근접했으며, 그는 예레미야서와 잠언에서 답을 찾고 발견하는 중이다. 다른 아이디어는 하나님의 계시에서 비롯되기도 하지만, 방법이 어떻든 하나님이 그 원천이 되신다.

오랫동안 그리스도인들은 부의 이전에 대한 예언적 메시지를 들어 왔다. 앞에서도 성경에 그런 얘기가 있다고 언급했지만, 지금 우리는 그런 부의 이전을 실제로 목격하고 있다.

2004년 1월, 한 기독교 단체에 거대한 유산이 기증되었다는 뉴스가 보도되었다. 맥도날드 햄버거 회사 설립자의 아내인 고

㈜ 조안 크록(Joan Kroc)은 유언장에 구세군의 지역 사회 센터 건립에 도움이 되도록 15억 달러를 기증하라는 말을 남겼다. 이렇게 해서 사업의 노력에서 발생한 돈이 하나님의 사역으로 이동한 것이다.

그 일이 있은 직후, 피터 와그너는 내게 스위스 제네바 기금에서 아이보리코스트의 아프리카 국가들의 재건 기금을 증여하려 한다고 말했다. 이 증여금은 미국 돈으로 10억 달러에 해당하며 이는 여섯 개의 병원과 대학, 대학원, 2만 채의 가옥, 고아원, 교육시설, 농업 센터에 충당될 것이다. 의미심장한 일은 그 나라의 큰 교회들 중 하나의 지도자인 디온 로버트(Dion Robert) 목사가 이 기금의 관리를 담당하게 된 것이다.

바라건대 이런 놀라운 발전들이 하나님이 늘 자원을 더하시리라는 그리스도인들의 믿음과 확신을 다져 나가는 데 도움이 되었으면 한다. 자신의 욕심을 채우기 위해 증여금을 받으려는 그런 믿음을 세워 나가라는 얘기를 하는 것이 아니다(약 4:3). 대신, 나는 당신도 그만큼 후하게 기부할 수 있을 정도로 번창하는 기업을 세워 나가는 현명한 지도자가 될 수 있다는 믿음을 발휘하길 기도한다.

Chapter 8
Hearing the Voice of God

하나님의 음성 듣기

"그러므로 성령이 이르신 바와 같이 오늘날 너희가 그의 음성을 듣거든 노하심을 격동하여 광야에서 시험하던 때와 같이 너희 마음을 강퍅케 하지 말라"(히 3:7-8).

몇 달 전에, 내가 2장에서 말했던 영국인 사업가 줄리안 와츠가 내게 전화해서 미국 방문 중에 만나서 모임을 갖자고 했다. 그는 자신의 성과를 소개하기 전에 하나님께서 미국 전역에서 중보기도자들을 모으도록 인도하신다는 생각으로, 인터넷을 기반으로 한 그의 새 모험적 사업을 내게 소개하고 싶어 했다. 우리는 남 캘리포니아의 한 호텔에서 만나기로 했다. 나는 호텔로 가면서 아마도 편하게 커피를 마시면서 그의 벤처사업에 관한 대화를 나누게 될 거라고 기대했다. 하지만 놀랍게도 내가 도착하자, 줄리안은 나를 두 대의 프로젝터가 설치되고 테이블 가득히 재료들이 전시되어 있는 회의실로 데려갔다. 또 다른 사람이 이 모임에 참석하냐고 묻자 그는 이렇게 말했다. "단지 우리 세 사람뿐인데요." 그 말은 최고 경영자인 줄리안과 그의 회사 사장 그리고 나, 이렇게 세 사람을 뜻했다.

그리고 나서 줄리안은 나눠 준 인쇄물과 파워포인트 슬라이드에 나타난 세련되게 다듬어진 발표안을 통해 인상적이고 전문가다운 준비가 엿보이는 프레젠테이션을 펼쳐 나갔다. 안타깝게도 이 자료들을 보자 나는 마치 나침반 하나 없이 낯선 정글을 헤매는 기분이 들었다. 내 이해 수준을 넘어서는 기술적인 부분들 때문에 나는 끝난 후에 어떻게 반응을 보여야 할지 감이 잡히지 않았다. 프레젠테이션이 한참 진행되는 중간에 나는 조용히 중얼거렸다. "주님, 제게 말씀해 주십시오. 이들이 제 의견을 원하는 걸 알지만, 뭘 얘기해야 할지 잘 모르겠습니다."

기도하자마자 주님은 내게 그림을 보여 주셨다. 내가 주님께 그림을 받을 때는 별 연관성 없어 보이는 장면들이 재빠르게 지나가기도 한다.

첫 번째 그림에서 나는 한 최고 경영자가 경주용 차를 몰고 있는 것을 보았다. 번개 같은 속도로 달리고 있지만 그는 반대 방향으로 코스를 돌았다. 그런 다음 차를 멈추고 걸어 나와서 경기장 계단을 걸어 올라와 신문 기자석으로 다가왔는데 거기에는 747 비행기가 그를 기다리고 있었다. 그 비행기를 보고 있는데 주님께서 이것이 내가 방문한 적이 있는 오스트레일리아 뉴캐슬에서 떠나는 석유 적재함과 비슷하다는 것을 보여 주셨다(뉴캐슬은 세계에서 두 번째로 큰 석유 생산 지역이다). 그 비행기가 사막 같은 장소에 내려앉는 것을 보는데 세 사람이 다가왔다. 나는 주님께서 여기에 실린 상품을 사용하셔서 그곳에 평화를 가져다주실 것임을 깨달았다.

프레젠테이션이 끝날 무렵, 줄리안은 내게 해 줄 말이 없는지 물었다. 나는 이렇게 대답했다. "먼저, 프레젠테이션 중에 주님께서 제게 주신 환상에 대해서 얘기하겠습니다." 곧 나는 이렇게 덧붙였다. "나는 당신이 경주용 차를 탔지만, 반대 방향으로 트랙을 돌고 있는 것을 보았습니다." 줄리안은 눈물을 흘렸다. 내가 계속해서 하나님께서 뉴캐슬의 석유 적재함을 나타내는 747 제트기를 보여 주셨다고 말하자, 사장 역시 눈물을 흘리기 시작했다. 그 자리에는 내가 한 번도 직접 만난 적이 없는 런던 출신의 두 남자가 있었지만, 주님은 그들에게 무언가를 말씀하고 계셨다.

줄리안은 한때 자신이 프로 자동차 경주자였고, 그 면허 시험 중 트랙을 일정한 속도로 돌되 반대 방향으로 도는 것이 있다고 내게 말했다. 내가 본 것을 그에게 말할 때 그도 성령님의 속삭이시는 소리를 들을 수 있었다. "줄리안, 너는 시험을 통과했다." 내가 깜짝 놀란 것은 런던에 본사를 둔 그 회사의 사장이 오스트레일리아 뉴캐슬 출신이라는 사실이었다. 내가 본 그곳의 석유 적재함 환상은 그가 옳은 자리에 서 있다는 주님의 징표였다. 그리고 사막에 내려앉는 747 비행기는 그들이 중동의 평화와 변화를 위한 도구로 자신들의 사업을 사용하겠다는, 하나님께서 일찍이 그들에게 주셨던 환상을 확증하는 것이었다. 모임에 참석할 때만 해도 내가 전혀 모르고 있던 사실들을 하나님께서 보여 주신 것이었다.

그들은 내가 잘 이해하지도 못하는 프레젠테이션에 대한 의견을 필요로 한 것이 아니라 하나님의 말씀을 듣고자 했던 것이다. 하나님께서는 그들의 장래 사업 방향에 대해 그들에게 말씀하시기 위해 우리를 그 호텔 회의실에 모으셨다. 우리가 계획하고, 땀 흘리며 노력하고, 꿈꾸고, 구상하고, 계획안을 다듬고, 전설적인 '110퍼센트'의 노력을 기울인 다음, 주님은 변화를 가져오는 권위 있는 말씀으로 개입하신다.

사소한 강점

언젠가 나는 한 경영 전문가가 성공을 위한 처방을 강연하는 것을 들었다. 그가 제시한 이야기는 사업에서 성공한 사람들은 남들보다 조금씩 더 열심히 일한다는 개념이 특징적이었다. 사무실에서 보내는 시간이 조금 더 많고, 한 번이라도 더 전화 통화를 하고, 아침에 몇 분 더 일찍 일어나는 이런 사소한 일은 여분의 노력에 대한 몇 가지 사소한 측정 기준을 상징한다. 경영 전문가는 이를 가리켜 '사소한 강점의 원리'라는 용어를 붙였다. 공들인 메시지이긴 하지만, 그는 중요한 점을 놓치고 있다. 열심히 일한다는 원리를 형성하는 생각은 아주 인기 있는 것으로, 특히 미국에서는 전력을 다해 일하는 것이 부를 쌓는 데 필수적인 동기의 일부로 평가된다. 하지만 이것이 하나님의 생각은 아니다. 하나님은 우리를 일중독자로 만들지 않으시면서도 우리에게 탁월함을 부여하신다.

성경을 연구하고 하나님의 뜻에 대해 더 많은 것을 발견하면서 우리는 하나님이 일을 위해 우리를 창조하셨음을 알게 된다. 그것은 우리 본질의 고유한 부분이며 창세기의 창조 목적의 일부이다. 하지만 많은 현대인들을 괴롭히는 뼈 빠지는 노동과 쌓이는 스트레스는 인간이 하나님께 불순종한 것으로 인해 하나님이 일에 내리신 저주의 결과라고 할 수 있다. 즉, 열심히 일하는 것이 그토록 많은 사람들이 찾던 '사소한 강점'이 아니라는 뜻이다.

대조적으로 진정한 '사소한 강점의 원리'는 영적 분야에서 발견된다. 그것은 당신의 사업을 향한 하나님의 음성을 듣는 능력이다. 지구상의 모든 사업가들은 경쟁력 있는 강점을 찾고 있다. 다른 사람들보다 앞서 나아가게 해 줄 결정적인 아이디어, 완벽하게 때맞춘 상품 출시, 알맞은 거래처나 확 트인 운 말이다. 간혹 그들 중 하나는 비법을 발견한 것처럼 보인다. 하지만 이런 것을 추구하는 사람들은 대부분 모두 잘못된 위치에서 헤매고 있다.

하나님은 당신의 자녀들에게 강점을 부여하고 싶어 하신다. 그들의 경쟁에 박차를 가하게 하기 위해서가 아닌 공동체를 축복하고 하나님 나라를 전진시키기 위해서이다. 주님은 우리가 이제껏 경험한 것보다 오늘날 더 분명히 말씀하고 계신다. 하나님의 성령과 조화를 이룬 사업가들은 하나님의 음성에 귀를 기울여 들는다. 그들은 주님께서 그들의 일에 관심을 가지실 뿐 아니라 이를 축복하시고 번창케 하신다는 사실을 발견하고 있다. 주님은 그들의 사업이 공동체와 국가, 세계에 결정적인 변화를 가져오는 요소가 되게 하려 하신다.

내가 이렇게 주장하는 근거는 개인적인 관찰을 통해서다. 나는 주님의 말씀이 제때 임해서 사업체를 재난이나 궁극적인 파멸에서 구해 내시는 것을 본 적이 있다. 하나님께서 명확한 말씀과 장래 나아갈 방향을 통해 한 회사를 파산 직전에서 급히 구출해 내는 것도 지켜 보았다. 나는 절망에 빠진 사람들이 기름부음받고, 낙담한 지도자들이 성공적인 경영인으로 되살아나는 것을 목격했다. 만일 일터에서 강점을 발휘하려면, 하나님의 음성을 듣는 기술을 발전시켜야 한다. 그분은 오늘날에도 말씀하시며, 당신이 듣는 법을 배울 의향이 있다면 방향을 알려 주신다.

주님은 당신에게 사업의 미래를 들여다보고 다가올 일과 필요한 일을 볼 줄 아는 예리한 통찰력을 주실 것이다. 이런 음성은 보통의 귀에는 들리지 않지만, 주님의 영존하시는 음성에 우리 귀의 파장을 맞추는 법을 배운 일터 사역자에게는 들릴 것이다. 하나님의 나라는 이전에는 결코 유례가 없을 정도로 앞으로 나아가고 있다. 당신이 주님이 모집한 위대한 군대, 사소한 강점으로 무장한 군대의 일원이 되길 기도한다!

직업 설명

내가 2장에서 말했듯이, 영국의 일터 사역자들인 리처드와 폴린 플레밍은 이른바 하나님 나라의 지혜 센터를 개발했다. 이는 지도자와 직원들이 일터에서 하나님의 음성을 듣는 것을 돕기 위해 설치된 전진기지다. 최근 몇 년간 사업에 종사하는 이들과 함께 일해 오면서 나는 대부분의 일터 사역에는 그들을 정점으로 밀어 올릴 잠재력을 지닌 핵심 요인, 즉 하나님의 음성을 듣는 교육과 연습이 부족하다는 사실을 발견했다.

이 교육은 다음과 같은 사실을 깨닫는 데 도움이 된다.

- 하나님은 당신의 일상생활에 관심을 가지신다.
- 그분은 당신의 일에 마음을 쓰신다.
- 그분은 여기에 관해 당신과 얘기를 나누실 것이다.

당신이 이 진리를 발견하게 되면, 당신의 직장생활은 변화될 것이다. 일터에 있는 사람들은 하나님의 음성을 듣는 연습을 할 필요가 있다. 하나님의 음성을 듣는 것은 일터의 상황에서 그분을 섬기기 위한 하나의 토대다. 우리에게 내리신 하나님의 명령은 사역을 위해 다른 사람을 준비시키라는 것이다. 그러므로 하나님의 음성을 듣는 법을 배운 사람들은 그 기술로 다른 사람을 가르치고 교육해야 한다.

내가 여러 해 동안 목사로 봉직하긴 했지만, 사업가 리처드 플레밍은 지금까지 특히 일터 상황에서 이 기술에 대해 많은 가르침을 주는 나의 역할 모델 중 한 사람이다. 그의 영향력 덕분에 2년 전 우리는 캘리포니아 주 샌어제이에서 하나님 나라의 지혜 센터를 시작했으며, 다른 이들은 미국 각 도시에서 이 사업을 진행하고 있다.

내가 앞에서 말했듯이 과거에 전통적인 해석에서 하나님을 섬기도록 부름받은 사람은 모두 천편일률적으로 교회 사역에 관련된 역할을 해야 하는 것으로 지도를 받았다. 사역으로의 부르심을 사업을 통해서 실행해야 한다고 연결시키는 사람은 드물었다. 하나님 나라의 지혜 센터에서 우리가 세운 지침은 누구든 그의 일터를 떠나 교회 환경으로 들어가야 한다는 예언은 하지 않는다는 것이다(이런 일이 절대로 일어나지 않는다는 뜻이 아니라 참가자들이 하나님의 소명을 그들의 직업 속에서 성취하는 쪽으로 먼저 인도되길 원하기 때문이다). 우리의 초점은 일터의 환경에 맞춰진다. 우리는 하고 있는 일에 대해서 하나님의 음성을 들어야 한다. 당신의 직업에 관해서라면, 하나님은 결코 훌륭한 아이디어가 고갈되는 일이 없으실 것이다. 당신이 그분께 내어드릴 때, 그 답으로 그분은 당신을 향해 말씀하시고 당신의 일에 대한 아이디어들을 당신에게 제시하실 것이다.

최근에 나는 예레미야 6장 16절을 연구하고 있는데, 거기에 이런 말씀이 있다. "여호와께서 이같이 말씀하시되 너희는 길에 서서 보며 옛적 길 곧 선한 길이 어디인지 알아보고 그리로 행하라 너희 심령이 평강을 얻으리라…" 나는 이 구절에 관해 주석이란 주석은 다 읽어 보았다. 대부분의 학자들이 이 구절은 당신이 길을 따라 내려가고 있는데 거기에는 갈래길이 나타나며, 그때 오른쪽으로 갈 것인지 왼쪽으로 갈 것인지 확인해야 한다는 뜻이라고 말한다.

하지만 나는 이것이 옛 상업로를 지칭하는 의미도 있다고 생각한다. 문자적으로 보면, 이것은 번영을 가져다줄 통상로를 말하는 것 같다. 이것이 내가 성경공부와 기도를 통해 들은 말씀이다. 중국에서부터 이어지는 실크로드에 올라 하나님이 축복하시는 것이 무엇인지 발견하게 된다면, 이는 말로 다할 수 없는 부를 낳게 될 것이다. 가장 작게는 돈을 얻게 될 것이고, 더 중요한 것은 영향력과 평안, 안정을 얻게 된다.

어느 날 내가 이 말씀과 내가 들은 다른 예언의 말씀에 대해 기도하고 있을 때, 나는 성령께서 "에스더 왕비의 화장품"이라고 속삭이시는 것을 느꼈다. 나는 혼자 껄껄 웃었다. "주님, 그건 제게 해당되지 않습니다. 전 화장품에 대해서는 문외한이거든요. 설사 안다 해도 그걸로 뭘 어떻게 해야 하는지 도통 모릅니다." 하지만 하나님께서 내게 그렇게 말씀하셨으므로 나는 그 고대의 상로 어디엔가 그 물품이 묻혀 있다고 믿는다. 아마도 이 책을 읽는 누군가가 이를 찾아낸다면 백만장자가 될 것이다.

음성을 듣는 것이지 예언이 아니다

나는 예언의 은사를 지니고 활동하는 사람을 많이 안다. 이것은 놀라운 은사며 그리스도의 몸을 대단히 유익하게 하는 것이다. 나도 직접 예언의 말씀을 통해 나의 인생과 사역을 위한 방향을 지시받았다. 나는 일터에서 활동하는 이들을 포함해서 이 세상에서 일하는 예언자들이 있음을 주님께 감사드린다. 우리는 그들이 필요하고 그들이 전해 주는 지식을 갈망한다. 하지만 이 장에서 내가 강조하려는 것은 예언이 아니라 하나님의 음성을 듣는 능력이다.

바울 사도는 하나님께 말씀을 들었던 일터 사역자의 완벽한 본보기다. 건축자요, 장막 만드는 사람으로 직접 자기 손으로 일해서 생계를 이어 갔던 바울은 신약성경의 거의 반을 기록했다. 그는 교회 시대 사도의 위대한 본보기로 간주된다. 바울 역시 전략적 사고가였다. 그가 주님과의 친밀한 대화를 통해 그의 전략을 부여받은 것은 분명하다. 당신이 그의 글을 읽는다면, 그가 한 모든 일이 예수의 복음을 전하는 데 유익한 것임을 깨닫지 않을 수 없을 것이다.

고린도전서 9장에서 자신의 사도성을 옹호하면서, 바울은 하나님의 계획에는 복음을 가르치는 사역자들을 위한 재정적 지원도 포함돼 있음을 알려 준다. "전혀 우리를 위하여 말씀하심이 아니냐 과연 우리를 위하여 기록된 것이니 밭 가는 자는 소망을 가지고 갈며 곡식 떠는 자는 함께 얻을 소망을 가지고 떠는 것이라 우리가 너희에게 신령한 것을 뿌렸은즉 너희 육신의 것을 거두기로 과하다 하겠느냐 … 이와 같이 주께서도 복음 전하는 자들이 복음으로 말미암아 살리라 명하셨느니라"(10-11, 14절).

하지만 바울은 또한 자신이 봉급을 받는 성직자의 무리에 들어가지 않는다는 사실을 분명히 했다. 15절에서 그는 이렇게 쓴다. "그러나 내가 이것을 하나도 쓰지 아니하였고 또 이 말을 쓰는 것은 내게 이같이 하여 달라는 것이 아니라 내가 차라리 죽을찌언정 … 누구든지 내 자랑하는 것을 헛된 데로 돌리지 못하게 하리라." 다른 말로 하면, 바울은 일터에서 일하는 사람으로서 그의 사도성을 확립했다.

내가 바울의 삶에 대해 읽어 보니 그는 월요일부터 금요일까지 전업으로 일했던 듯하다. 그리고 주말에는 회당에 가서 설교했다. 그러면 주 중에는 사역을 했던가? 당연히 일에 전념했다. 하지만 교회가 초점을 맞춰 온 것은 그의 설교와 선교사로서의 섬김이었고, 이것은 주말의 노력을 더욱 부각하는 것이다. 이것은 사도행전 18장 3-4절에 분명히 설명돼 있다. "업이 같으므로 함께 거하여 일을 하니 그 업은 장막을 만드는 것이더라 안식일마다 바울이 회당에서 강론하고 유대인과 헬라인을 권면하니라."

바울은 계획이 있었고 그것은 (그의 사업을 활용하지 않는 것이 아니라) 그의 동료들보다 천막을 만드는 능력 면에서 월등해지는 것이었다. 사도행전 18장은 또 바울이 아굴라를 만난 이야기를 포함한다. 성경은 바울이 아굴라와 그의 아내 브리스길라와 같은 직업에 종사했으므로 바울이 그들의 집으로 이사했다고 말한다. 그러면서 성경은 바울이 '그를 발견했다'(Found)고 기록한다. 나는 이것이 사도의 전략의 일부라고 믿는다. 그는 자신의 직업 기술을 직업과 사역 양쪽 측면에서 누군가를 만나는 데 사용했다.

일터 사역자는 두 영역에 모두 해당되는 전략을 가지게 될 것이다. 그리고 우리는 일터 사역자들이 활용하는 것 같은 전략적 사고가 필요한 것이 사실이다. 오늘날 많은 목사들은 일터의 상황에 기반을 두고 주요 기업의 최고 경영자 같은 활동을 한다. 그럼에도 목사들은 대부분 목자들이므로 당연히 전략적 차원에서는 생각하지 않는다. 우리는 먹이고 보호함으로써 자신들의 양 떼를 돌보는 목사들이 필요하다.

나는 목사들을 주신 하나님께 감사드리는 만큼, 일터에서 전략적 사고를 하는 이들에게도 감사한다. 전략적으로 생각할 수 있는 사람들은 하나님의 음성을 듣고 장래를 내다보며, 하나님이 장래에 계획하신 것을 측량할 수 있다.

하나님은 말씀하신다

몇 가지 실제 사례로 민수기 12장에 나오는 교훈을 생각해 보라. 모세의 형과 누이인 아론과 미리암이 투덜거리며 불평을 늘어놓고 있었다. 모세의 아내에 대한 불평과 함께 그들도 하나님의 음성을 들을 수 있다는 걸 아무도 모르는 것 같다는 게 그들의 불만이었다. 그들이 이런 말을 하고 다니는 것을 하나님은 들으셨다(2절). 이런 게 바로 충격이 아니겠는가!

하나님은 그들의 말을 들으신 데다 회막으로 그들을 불러내셨다고 성경은 기록한다. 주님은 그들에게 모세의 겸손을 상기시키신 후에 이렇게 말씀하셨다. "내 말을 들으라 너희 중에 선지자가 있으면 나 여호와가 이상으로 나를 그에게 알리기도 하고 꿈으로 그와 말하기도 하거니와 내 종 모세와는 그렇지 아니하니 그는 나의 온 집에 충성됨이라 그와는 내가 대면하여 명백히 말하고 은밀한 말로 아니하며 그는 또 여호와의 형상을 보겠거늘 너희가 어찌하여 내 종 모세 비방하기를 두려워 아니하느냐"(6-8절).

이 구절에서 하나님은 당신의 자녀들에게 말씀하실 수 있으며 또 말씀하시는 네 가지 통로를 언급하신다.

1. 이상
2. 꿈
3. 대면
4. 은밀한 말

우리는 주님께서 오늘날에도 동일한 방법으로 우리에게 말씀하시리라 기대할 수 있다. 나는 이를 좁혀 그림, 말씀, 또는 내면의 생각을 주님께서 우리에게 말씀하시는 일반적인 세 가지 방법으로 들고자 한다.

그림

꿈과 이상의 차이는 당신이 깨어 있는가 잠들어 있는가에 있다. 당신이 잠자고 있을 동안에는 하나님이 꿈으로(그림), 그리고 깨어 있을 때는 이상(그림)으로 인도하신다. 양자의 경우 모두 주님께서는 그림의 형태로 메시지를 전달하신다. 나는 이 두 가지를 아주 강하게 경험했다. 내가 꿈으로 보여 달라고 간구했던 때가 있었는데 주님께서는 내 상황에 대한 분명한 응답과 지시를 내려 주셨다.

하지만 주님께서 당신에게 말씀하시도록 굳이 잠을 청할 필요는 없다. 지금 당장 책상에 앉아 주님께서 주시는 말씀과 그림, 생각들을 달라고 간구하면 된다. 나는 말씀을 '듣기' 보다 그림을 더 빨리 '보는' 사람이 많다는 것을 발견했다. 처음 보게 되는 그림은 그다지 의미가 통하지 않을지도 모르지만, 그 뜻을 알려 달라고 주님께 간구하면 대개 분명해진다.

말씀

모세처럼 어떤 이들은 때로 주님께서 그들과 대면하여 직접 하시는 말씀을 듣는다. 어떤 사람들은 하나님의 음성을 귀로 들었다고 증거하기도 한다. 하지만 내가 보기에 이것은 그리 흔한 일이 아니다. 보통 어떤 사람이 하나님의 음성을 듣는다고 말할 때는 그의 마음에 형성된 말씀들을 가리킨다. 그 메시지는 종종 귀로 들리는 말씀만큼이나 뚜렷하다. 사람들은 주님과 대화를 나누기도 한다. 하지만 실제 입으로 하는 말이라기보다는 예배와 기도 시간, 또는 하나님의 말씀을 들으려 간구하는 동안 머릿속에 떠오르는 생각들을 뜻한다. 내 삶에서도 주님께서 내게 말씀하고 계심을 알았던 순간들이 있었는데, 이는 요한복음 10장에 주님의 양은 주님의 음성을 안다고 하셨던 가르침과 일치한다.

내면의 생각들

주님이 우리에게 말씀하시는 또 다른 방식은 '은밀한 말'이라고 불리는 것을 통해서다. 이것은 우리가 처음에는 완전히 다 이해할 수 없는 수수께끼나 단어, 생각 같은 것이다. 처음에 이것들은 의미가 통하지 않을 수도 있다. 종종 어떤 사람은 주님께서 자신에게 말씀하시는 것이 무엇인지 말로 표현할 수 없어, 단지 "맞는 것 같다"거나 "맞지 않는 것 같다"고 말하게 된다. 하지만 우리가 우리의 환경을 통해 계속 기도하면, 주님이 말씀하신 뜻을 이해하게 된다.

사업가들과 목사들이 하나님 나라의 지혜 센터에 모였을 때, 우리는 주님께 그림, 말씀, 생각(느낌)의 세 가지 방식으로 우리에게 말씀해 주십사고 간구했다. 이런 배경에서 우리는 직장에서 할 수 있는 방식에 더 맞추어 기도한다. 교회 환경에서는 예배 인도자와 찬양 팀, 예배의 시간, 기도 제목에 관련된 구체적인 찬양이 존재할 수도 있다. 일터에서는 예배 인도자와 찬양 팀을 부를 수 없으니 그런 도움 없이 경배하는 법을 배워야 한다.

예배 인도자와 찬양 팀이 기름부음받은 경우, 나는 많은 사람들과 함께 예배드리는 것을 좋아한다. 이는 아주 특별한 순간이 될 수 있다. 허나 일터 상황에서의 예배는 상당히 달라진다. 하나님 나라의 지혜 센터에서는 우리가 예배드릴 때 어떤 이들은 큰 소리로 기도하고 또 어떤 이들은 침묵으로 기도한다. 어떤 이들은 노래하고 또 다른 이들은 홀을 걸어다닌다. 기도하면서 무릎을 꿇는 사람이 있는가 하면, 어떤 사람들은 벽에 기댄다. 심지어 벽을 치는 사람도 있다. 이런 자발적인 예배 시간에 우리는 주님께서 우리에게 말씀하시길 요청한다. 그리고 주님은 정말 말씀하신다.

우리는 그때 우리가 주님께 보고, 듣고, 느낀 것들을 기록하곤 한다. 나는 이런 말씀과 그림들을 기록하길 좋아하므로 우리는 종종 큰 화이트보드와 포스터 크기의 포스트잇 메모판을 사용한다.

최근의 모임에서 어떤 사람들은 큰 건물의 그림을 보았다. 온통 밝은 빛이 그 위에 비치는 푸른 초원과 흐르는 물줄기의 이상을 본 사람들도 있다. 이 모든 그림들은 부동산과 연관되어 있고, 도시 주변 지역과도 일치했다. 사람들이 자신이 본 것들을 말하면서 우리는 건물과 도구에 대한 말씀을 들었다. 어떤 이들은 그 모임이 그들 지역에 중요한 영향을 미칠 거라고 느꼈다. 그와 같은 맥락으로 나는 그전 날 밤에 '다이아몬드 부동산'이라는 이름의 부동산 회사에 대한 꿈을 꾸었었다. 그것이 너무나 구체적이어서 나는 그 모임의 누군가가 그 회사에서 일하고 있거나 그런 회사명으로 사업을 시작할 생각을 하고 있는 게 아닌가 생각했다. 그러나 내가 꿈을 설명하고 있는 동안 사람들은 아무 반응도 없었다.

하지만 모임이 끝날 무렵, 한 남자가 그 꿈을 해석했다. 그는 그것이 회사가 아니라고 말했다. 그 꿈은 집단 전체를 나타내며 하나님은 당신의 자녀들이 당신을 위해 그 지역(부동산)을 취하길 원하신다고 했다. 그는 다이아몬드를, 하나님 나라를 위해 주님의 자녀들에게 그 땅을 소유하라고 하셨던 그날 밤 주님이 비추시는 빛이 반사되는 것으로 보았다.

자, 이런 상황에서 우리는 그 지역의 변화 기반을 형성하시는 주님이 주신 꿈, 이상, 말씀, 생각들을 경험했다. 나는 몇 달과 몇 년 앞서 전개될 일들을 목격하기를 기대한다. 당신의 삶에도 이와 비슷한 하나님의 비전이 필요한가? 이것은 하나님이 당신을 위해, 당신의 사업만을 위해서가 아니라 당신의 앞날을 위해서 하려 하시는 일이다. 당신이 들으려 하기만 한다면, 하나님은 말씀하실 것이다.

Chapter 9
Biblical Entrepreneurs

9장

성경적 기업들

"그 종 열을 불러 은 열 므나를 주며 이르되
내가 돌아오기까지 장사하라 하니라"(눅 19:13).

미네소타 주 엘크 리버에 있는 리버뷰 커뮤니티 은행은 550만 투자 자본을 바탕으로 2003년 3월에 문을 열었다. 개점에 앞서 설립자들은 연방 은행 공무원들을 만나 1주년 기념일까지 예치금 160만 달러라는 대단한 성장률을 달성하겠다는 계획을 제시했다. 그들은 또 대출 부서에서 한 달에 대출 계약이 15~20건에 이를 거라고 예상하고 이를 변칙적으로 은행업무 개시 두 주 전에 시행하였다.

1년 후에 예치금이 500만 달러에 이르고 자금의 85퍼센트가 지역 사회의 대출금을 차지하자 은행 조사관들의 눈이 휘둥그레졌다. 효과적인 이자율과 다른 조건들에 힘입어 새로운 대출은 매달 30~50여 건에 달했다. 이로 인해 리버뷰는(2만 명이 채 못되는 인구의 엘크 리버라는 소도시에 위치해 있으면서) 다른 부유한 교회 지역에 있는 더 큰 규모의 은행들과 어깨를 나란히 하게 됐을 뿐 아니라, 이런 성장은 지역이 소유한 100년 전통의 두 은행들과 많은 전국적 연결망을 가진 은행들, 대출업자들 사이의 경쟁을 야기시켰다.

이와 동일하게 인상적인 것은 리버뷰에서 일어나는 영적 활동이다. 사업을 시작한 첫 52주 동안 수석 부사장인 척 리프카(Chuck Ripka)는 한 명의 힌두교도를 포함해서 53명의 사람들이 예수 그리스도를 구주와 주인으로 영접하는 기도를 했다고 기록했다. 그리고 어느 날 밤 목사와 함께 들러 그에게 기도를 받았던 외지 방문객을 포함하여 40명 이상의 사람들이 치유를 받았다. 리프카가 그를 위해 기도해 주었을 때 그 남자는 곧 자신의 전립선암이 사라졌음을 알게 되었다. 리프카는 보통 사람들과(고객이 아닌 사람들을 포함해서) 회의실이나 그의 사무실에서, 또는 전화로 기도한다.

은행을 시작할 당시, 리프카는 수석 은행 계원인 글로리아(Gloria)에게 이렇게 말했다. "주님께서 내게 당신이 드라이브 스루(운전 중에 차에서 내리지 않고 원하는 일을 신속하고 편하게 처리할 수 있는 시설-역자)에서 고객과 기도하게 될 거라고 알려 주셨어요. 내가 수석 부사장의 권한으로 주님께서 당신이 그렇게 하도록 인도하시면 당신이 마음껏 실행하도록 허락하겠습니다." 약 6개월이 지난 후, 글로리아는 한 고객이 고민하고 있는 것을 발견하고 그녀를 위해 기도해 주겠다고 제안했다. 그 다음 주에 그 여성은 은행으로 돌아와 글로리아에게 그날 그녀를 위해 기도해 준 데 대해 고마움을 표시했다.

글로리아가 처음 그 여성 고객을 위해 기도해 준 뒤 며칠이 지나 그녀는 또 다른 고객이 괴로워하는 것을 보았고, 그녀는 다시 그를 위해 기도해도 되겠냐고 물었다. 그가 동의하자 그녀는 그에게 은행 안으로 들어올 것인지, 드라이브 스루에 그대로 있고 싶은지 물어보았다. "드라이브 스루에 그냥 있는 게 좋겠어요." 남자는 그렇게 대답하면서 그녀의 제안에 긍정적인 반응을 보였다. 글로리아는 지금도 계속해서 그런 기회들이 없는지 살펴보고 있다.

리프카는 대출 부서를 담당했었지만, 2004년 초에 그의 동업자인 듀안 크로푸엔스케(Duane Kropuenske)는 그의 자리를 사업 개발부로 옮기게 했다. 듀안은 리프카에게 그의 사역과 전도는 그의 타고난 사업 기술 만큼 가치 있는 것이라고 말했다. 그래서 듀안은 리프카의 관리감독 의무가 경감되도록 그의 직책을 재조정했다. 그는 리프카에게 더 융통성을 부여해서 그가 전도 활동을 계속할 수 있는 여분의 시간을 얻기를 원했다.

이제 상업대출에 관여하게 되자 리프카는 고객을 많이 탐색할 필요가 없어졌다고 말한다. "너무나 많은 사람들이 저와의 거래 상담을 원하기 때문에 그저 전화를 받고 그들과 함께 정보를 살펴봐야 합니다. 그리고 나서야 우리의 대출자와 함께 앉아 이 대부금이 그들이 했으면 하는 일에 맞아떨어지는지 확인하죠."

리프카의 대출금융 경험은 1990년으로 거슬러 올라가지만 그의 영적 행보는 그가 그리스도를 따르기로 결심한 1980년대에 시작되었다. 2년 후 하나님은 그와 그의 아내 캐시(Kathi)에게 의식이 없는 상태로 병원에 누워 있는 만성 알코올 중독자인 그의 어머니를 위해 기도하라고 지시하셨다. "네, 주님. 하지만 지금은 새벽 1시잖아요. 정말 이게 주님이 하신 말씀이라면, 어머니가 혼수상태에서 깨어나서 주님을 따르는 걸 봐야겠습니다." 어머니의 병실에 도착해서 그는 어머니를 위해 기도했고, 그의 어머니는 눈을 뜨더니 예수 그리스도를 구주와 주인으로 인정하도록 하는 그의 기도에 따라 고개를 끄덕였다. 며칠이 지나 그녀는 세상을 떠났다.

그가 그녀의 방을 떠난 뒤, 주님은 그에게 말씀하셨다. "네가 순종했기 때문에 네 나머지 가족들도 네게 맡길 것이다." 결국 그의 아버지, 형제자매들 그리고 그의 다섯 자녀 모두 그리스도를 따르겠다는 동일한 결단을 했다. 또 다른 중요한 사건은 1999년 그의 마흔 번째 생일을 앞두고 40일 금식을 하는 동안 일어났다. 이 6주의 기간 동안 그는 하나님의 손이 하늘에서 세 개의 황금 열쇠를 쥐고 내려오는 것을 보았다. 리프카가 그 의미를 묻자 주님은 말씀하셨다. "이것은 일터, 정부 그리고 교회를 나타낸다. 나는 너를 이 세 영역에서 형통케 할 것이다."

일터에서의 기도

그 후로 리프카는 그의 지역 사회(미니애폴리스 북쪽 약 56킬로미터에 위치한) 내의 학교들을 통해서 주 의사당에서 기도 활동을 인도해 왔다. 매주 열리는 목사들과 사업가들의 기도 모임에 참석하는 그는 한때 시장, 경찰서장, 보안관, 학교 교장, 다른 지역 공무원과 주 공무원들을 그 모임에 초청했다. 모두들 그 모임에 나와 기도 제목을 나누는 데 동의했다.

그 가운데는 증가하는 마약 문제에 관한 경찰서장의 기도 요청이 있었다. 거기에 덧붙여 그는 도시를 대폭 파괴함으로써 분풀이를 한 네 명의 청소년 범죄자들에 관련해서 기도하기를 원했다. 그 모임에서 기도한 지 두 주 안에 엘크 리버의 역사상 가장 대대적인 마약 단속이 있었다. 한 달 뒤 네 명의 십 대들은 이웃 지역에서 체포되어 소년원에 보내졌다.

그가 미래상을 본 다음 해인 2000년 9월, 리프카는 시장의 조찬 기도 모임 참석자들에게 1억 8백만 달러 상당의 학교 건립이 주민투표에서 통과될 거라고 했다. 새 건물, 추가 직원들, 교육용품에 책정된 이 금액은 이미 2년 연속 투표에서 부결되었었다. 시의 신문에서는 이번에도 통과하지 못할 거라고 예상했지만, 투표 결과 압도적인 표차로 통과되었다. 최근에는 신임 경찰서장이 급성장하는 지역의 확장을 위한 추가 기금이 필요할 때, 리프카에게 그 투표를 위해 기도해 달라고 요청했다.

당연히 직원들은 매일 두세 사람의 직원이나 고객, 다른 방문객들과 함께 기도하는 이 은행 임원으로부터 상당한 영적 지도를 받았다. 리프카는 그런 역할을 편안해 했고, 은행 문을 연 지 며칠 지나서 그는 하나님께서 어떠한 메시지를 주고 계신다고 느꼈다.

"'나는 네가 은행의 목사가 되길 바란다.'" 리프카는 주님이 그에게 이렇게 말씀하셨다고 전한다. "'내가 네게 가르쳤던 모든 것을 네가 그들에게 가르치길 바란다.' 그래서 저는 어떻게 고객들과 기도하며, 사람들을 축복할 기회를 찾고, 그들을 안전지대에서 이끌어 내는지 직원들에게 가르쳐 왔습니다. 나는 그들에게 사람들에게 다가갈 기회를 찾아 보라고 말합니다. 우리 직원들 몇은 자신의 사무실에 기독교 예술품을 갖다 놓았습니다. 어떤 사람이 그러더군요. '저희는 당신처럼 그렇게 담대하지 못하거든요. 하지만 누가 우리 예술작품에 대해 말을 붙인다면 그것이 하나님에 대해 말해도 된다는 징표라고 생각할 겁니다.'"

척 리프카가 사업체를 이끄는 방법과 당신의 고용주가 사업을 운영하는 방식에 차이가 보이는가? 혹 당신이 소유주라면 당신은 사업체를 이렇게 운영하는가? 앞으로는 이런 이야기를 더 많이 증거로 제시할 수 있으리라 믿는다. 그 지역 사회는 흥분해서 책을 출판하는 데까지 이르렀다. 「엘크 리버 이야기: 도시의 영적 기후 변화시키기」(The Elk River Story: Transforming the Spiritual Climate of a City)는 복음 전도자 에드 실보소의 동료인 릭 헤렌(Rick Heeren)이 편집했다. 이 책에서는 교파주의의 장벽을 깨뜨리고 일터에

증인을 파견하려는 이런 노력이 어떻게 미네소타의 두 개 지역과 위스콘신 주의 두 도시에 퍼져 나갔는지를 말하고 있다.

진정한 성경적 기업은 늘 해야 할 두 가지 이야기가 있다. 하나는 사업에서 하나님의 축복을 바라보는 데 대한 이야기로 그분이 임재하시는 평안을 알고 그분의 능력을 힘입는 것이다. 두 번째 이야기는 재정 증가 측면에서 하나님의 축복을 말한다. 이 중 한 가지 영역만 강조될 때, 사업 소유주는 난관에 처하게 된다. 나는 자신의 사업체를 선교, 전도, 구제 등 사역 활동의 기반 정도로 활용해 온 사람들을 만난 적이 있다. 하지만 그러는 과정에서 그들은 자신의 이익 기반을 대부분 잃게 되었다. 한 가지 이유는 그들이 핵심 교회를 모방하려 한 나머지 그들 사업의 이익창출 목적이 실종되는 지경에 이르렀기 때문이고, 다른 한편으로는 돈에만 초점이 맞춰져 구제, 기도, 또는 그들의 기독교 신앙의 실제적 표현에는 할애할 시간이 전혀 없었기 때문이다.

리버뷰 커뮤니티 은행의 성공을 생각해 볼 때, 성경적 기업은 이런 진리를 인정해야 한다. 이익은 추한 단어가 아니다. 그들은 자신의 사업에 두 가지 이유가 있음을 기억해야 한다. 1) 안전한 직장을 제공하고 평안과 안정성을 촉진하기 위해서이며, 2) 고객, 공급업자, 경쟁사에 영원한 진리를 발견할 길을 제시하기 위해서다. 만일 영적 활동을 하는 가운데 당신의 사업체가 이익을 올리지 못한다면, 뭔가 잘못된 것이다. 당연히 모든 사업은 생존과 확장, 자연스런 경제 주기에 따른 하락을 견뎌낼 만큼 이익을 올려야 한다. 하나님이 사업체를 사용하셔서 지역 사회를 축복하려 하신다는 사실이 이익을 기반으로 하는 사업체를 확립해야 할 필요성을 부정하는 것이 되지는 않는다.

재능의 비유

모든 사람이 사업체를 운영하지는 않는다. 그 이유가 시간 때문이건, 재정 자원, 성향, 기질의 이유에서건 말이다. 게다가 한 번 사업을 시작하면, 끝까지 그들의 계획을 이행하는 데는 부사장, 관리자, 사무원 등 다양한 조력자들이 필요하다. 그래서 일터에서 그리스도의 제자로 살아가는 문제에 대한 동전의 다른 쪽 면을 논의해 보는 것도 의의가 있다.

계층적 시샘과 갈등으로 성공과 번영이 착취와 동의어가 된 세상에서 그리스도의 시각을 가지려면, 예수님의 가르침을 보라. 누가복음에서 예수님은 삭개오의 회심 이야기를 하시는데, 그는 책략으로 부자가 된 사람이었다. 예수님은 삭개오에게 말씀을 전하시며 이렇게 말하셨다. "오늘 구원이 이 집에 이르렀으니 … 인자의 온 것은 잃어버린 자를 찾아 구원하려 함이니라"(눅 19:9-10).

나는 2장에서 우리가 이 구절을 단지 잃어버린 사람들을 가리킨다고 잘못 해석했지만, 나는 거기서 예수님은 아담과 하와가 하나님께 불순종했을 때 상실했던 만물의 더욱 광대한 차원을 하나님의 자녀들에게 가리켜 보이기 원하셨음을 지적했다. 잃은 것에는 우리의 노동 생활에 대한 적절한 취급도 포함된다. 이런 맥락에서 예수님은 다음과 같은 비유를 말씀하신다.

"가리사대 어떤 귀인이 왕위를 받아가지고 오려고 먼 나라로 갈 때에 그 종 열을 불러 은 열 므나를 주며 이르되 내가 돌아오기까지 장사하라 하니라 그런데 그 백성이 저를 미워하여 사자를 뒤로 보내어 가로되 우리는 이 사람이 우리의 왕 됨을 원치 아니하노이다 하였더라 귀인이 왕위를 받아 가지고 돌아와서 은 준 종들의 각각 어떻게 장사한 것을 알고자 하여 저희를 부르니 그 첫째가 나아와 가로되 주여 주의 한 므나로 열 므나를 남겼나이다 주인이 이르되 잘하였다 착한 종이여 네가 지극히 작은 것에 충성하였으니 열 고을 권세를 차지하라 하고 그 둘째가 와서 가로되 주여 주의 한 므나로 다섯 므나를 만들었나이다 주인이 그에게도 이르되 너도 다섯 고을을 차지하라 하고 또 한 사람이 와서 가로되 주여 보소서 주의 한 므나가 여기 있나이다 내가 수건으로 싸두었었나이다 이는 당신이 엄한 사람인 것을 내가 무서워함이라 당신은 두지 않은 것을 취하고 심지 않은 것을 거두나이다 주인이 이르되 악한 종아 내가 네 말로 너를 판단하노니 너는 내가 두지 않은 것을 취하고 심지 않은 것을 거두는 엄한 사람인 줄을 알았느냐 그러면 어찌하여 내 은을 은행에 두지 아니하였느냐 그리하였으면 내가 와서 그 변리까지 찾았으리라 하고 곁에 섰는 자들에게 이르되 그 한 므나를 빼앗아 열 므나 있는 자에게 주라 하니 저희가 가로되 주여 저에게 이미 열 므나가 있나이다 주인이 가로되 내가 너희에게 말하노니 무릇 있는 자는 받겠고 없는 자는 그 있는 것도 빼앗기리라 그리고 나의 왕 됨을 원치 아니하던 저 원수들을 이리로 끌어다가 내 앞에서 죽이라 하였느니라"(눅 19:12~27).

이 비유를 현대의 기업 시나리오에 대입해 보면, 미국에 기반을 둔 다국적 기업의 최고 경영자를 상상하면 된다. 이 경영자는 그의 영향력과 자기 자본으로 성공적인 경쟁사를 인수해서 사업을 확장할 기회를 맞았다. 이를 위해 그는 몇 달간 유럽에 머물면서 합당한 노력과 필요한 단계를 밟아서 인수 과정을 마무리해야 했다. 떠나기 전에 그는 열 개의 회사 사장들을 불러 그들에게 자신이 없는 동안 그들이 맡은 부서에 이익을 내는 데 필요한 자본을 각 사람에게 맡기고 가겠다고 말했다.

대개 그렇듯, 그의 관리 팀 중 몇몇은 그 경영자에 대해 강한 반감을 가지고 있어서 이번이 그의 리더십을 깎아내릴 완벽한 기회라고 생각했다. 경영자가 성공적으로 인수를 마치고 돌아오자 그는 사장들을 자신의 사무실에 불러 기업 내 각 부서에 대한 보고를 받는데, 그는 특별히 각 지도자가 얼마나 많은 수익을 냈는지에 관심을 보인다. 첫 번째 사람이 운영 자금의 열 배가 되는 상당한 이익을 올렸다고 보고하자, 최고 경영자는 "이야!" 하고 소리친다. "잘했소! 당신이 작은 과업을 이렇게 잘 처리했으니 그 보상으로 당신에게 주요 도시 열 군데를 담당할 능력과 권한을 부여해서 당신을 높여 주겠소."

다음 사람 역시 기본 자본금의 다섯 배라는 상당한 소득을 남겼다고 보고한다.

"좋아요!" 최고 경영자는 또 이렇게 말한다. "당신한테는 주요 도시 다섯 군데를 담당할 능력과 권한을 부여하겠소."

그 다음에 나온 세 번째 사장은 몇 년째 계속해서 실적이 바닥을 치는 알아주는 불평가였는데, 그는 강한 어조로 이렇게 말한다. "당신이 맡기신 기본 자본금을 여기 그대로 가져왔습니다. 난 아무것도 잃은 것이 없지만, 그렇다고 더 얻은 것도 없지요. 난 당신이 무서워요. 당신은 엄격해서 대하기 힘든 사람이란 걸 난 압니다. 당신은 자기 것이 아닌 걸 가져가고 심지도 않은 걸 거두려는 사람이란 걸 안다고요."

"내가 엄격한 사람이라고 했나?" 경영자는 큰 소리로 노해서 외친다. "내가 얼마나 엄격한지 보여 주지. 자넨 해고야! 이 사람 돈을 저기 가장 많은 수익을 낸 사람에게 주시오."

"하지만 이사님" 하고 다른 임원이 급하게 말한다. "그건 공정하지 않습니다. 그는 이미 다른 사람보다 더 많이 받았는데요."

그 말에 현명한 경영자는 이렇게 대답한다. "여러분에게 사업 원리를 하나 알려 주겠소. 목숨을 걸고 일하면 여러분이 꿈꾸던 것보다 훨씬 많은 것을 얻게 될 거요. 이를 잘 지켜서 잃어버리지 않도록 꼭 붙드시오. 이를 기회로 여겨 내게 대항하려는 내 적들은 여기서 내쫓을 것이오. 나는 그들의 얼굴을 이곳에서 더 이상 보고 싶지 않소."

세 가지 원리들

이 우화가 예수님께서 말씀하신 것임을 기억하라. 사업 원리에 대한 이 가르침 속에서 그분은 세 가지 중요한 점을 말씀하셨다.

· 반역자의 파멸
· 충성을 다하기
· 작은 일에 충성했을 때 늘어나는 권세

이제 하나씩 살펴보도록 하자.

반역

누가복음 19장 14절은 직면해야 할 문제를 드러낸다. "그런데 그 백성이 저를 미워하여 사자를 뒤로 보내어 가로되 우리는 이 사람이 우리의 왕 됨을 원치 아니하노이다 하였더라."

나는 계속해서 자신의 상관에 대한 불만을 토로하는 그리스도인들을 만난다. 보통 그들이 항상 하는 얘기는 이런 것이다. "그 사람은 거짓말쟁이에다 사기꾼에 노예 감독이라구요. 도대체 믿을 수가 없어요." 그럼에도 그들은 계속 그 직장을 떠나지 못하고 마음에 쓴 뿌리를 깊이 내린 채 다른 직원들 사이에 불평의 씨를 뿌리고 다닌다.

하지만 성경은 악한 상관이라도 복종하라고 명령한다. "사환들아 범사에 두려워함으로 주인들에게 순복하되 선하고 관용하는 자들에게만 아니라 또한 까다로운 자들에게도 그리하라 애매히 고난을 받아도 하나님을 생각함으로 슬픔을 참으면 이는 아름다우나 죄가 있어 매를 맞고 참으면 무슨 칭찬이 있으리요 오직 선을 행함으로 고난을 받고 참으면 이는 하나님 앞에 아름다우니라 이를 위하여 너희가 부르심을 입었으니 그리스도도 너희를 위하여 고난을 받으사 너희에게 본을 끼쳐 그 자취를 따라 오게 하려 하셨느니라"(벧전 2:18-21).

지금 하나님이 당신이 있게 하신 그 직장에서 당신의 목적은 그리스도의 향기를 그곳에 불어넣는 것이다. 반항적인 행동보다 순복함으로써 훨씬 효과적으로 그 일을 해낼 수 있다. 베드로는 우리 하늘 아버지께서 보실 때는 자기 죄 때문에 징계를 견디는 것보다 나쁜 상관에게 순종할 때 훨씬 칭찬받는다는 사실을 분명히 했다.

충성을 다하기

이 비유에서 예수님은 충성을 지키는 것에 대해 말씀하신다. 늘 제시간에 출근해서 맡은 업무를 다하고, 일을 수행하는 동안 불평하지 않는 신뢰할 만한 직원은 감탄스럽다. 하나님은 우리의 핵심 교회 생활만큼 직장 생활에서도 충성을 다하라고 요구하신다.

늘어나는 권세

이 세상에는 핵심 교회의 주도 하에서는 결코 그리스도께로 돌릴 수 없는 큰 부분이 있다. 우리가 얼마나 교회를 잘 운영하고,

얼마나 효과적으로 프로그램을 만들고, 또 얼마나 매력적인 교회 건물을 세우는가는 전혀 중요하지 않다. 자신과 같은 계층이라고 여기는 사람들의 말에만 귀를 기울이는 사람들이 있기 때문이다.

당신이 알고 있다 해도 좋아하지 않을 것 같은 일에 대해 상기시켜야겠다. 하지만 당신이 좋아하지 않는다 해도 그것은 변함없는 진리다. 바로 부유함에서 기인하는 일정 수준의 권세가 있다는 것이다. 어떤 이유로 당신이 부유해지면 다른 사람들은 당신의 생각과 당신이 매사에 어떻게 반응하는지 알고 싶어 한다. 게다가 어떤 부유층 사람들은 그들이 보기에 가난하거나 사회적 지위가 못하다고 생각되는 사람들 얘기에는 귀 기울이려 하지 않는다. 물론 그것은 잘못된 태도지만 그래도 누군가 그들에게 복음을 전해야 한다면 그 일을 할 수 있는 사람은 오직 그들이 지위가 비슷하다고 여길 만한 사람이어야 한다. 그리스도인들이 그들을 전도할 수 있는 한 가지 방법은 사업에서 성공하는 것이다. 예수께서는 누가복음 19장의 예화에서 그분이 성공을 존중한다는 사실을 분명히 보여 주셨다. 그분은 지혜롭게 자본을 투자해서 주인에게 1,000퍼센트의 수익을 돌려준 사람을 높이셨다.

그러므로 이미 그들에게 접근할 수 있을 만큼 어느 정도 성공을 (물론 크게 빚을 지는 일 없이) 이루었다면, 새 차를 구입하고, 도시의 가장 호화로운 주택가의 제한된 지역 사회로 이사하거나 컨트리 클럽에 가입하라. 이는 과시하려는 목적이 아니라 당신의 영향력과 권세를 사용해서 아직도 그리스도의 몸과 접촉하지 못한 대부분의 사회 영역에 복음을 전하기 위해서다.

예수님은 이 이야기에서 아주 흥미로운 단어를 사용하셨는데, 그것은 작은 것(이 경우는 돈)에 충성한 사람은 권세를 얻으리라고 말씀하신 부분이다. 예수님이 말씀하신 권세는 정치적 권세다. 이 말씀이 반드시 관직에 나가거나 선거에 출마하라는 뜻은 아니라고 믿는다. 오히려 당신에게 그만큼 대단한 권세가 있으면 정부 사람들이 당신에게 조언과 상담을 구할 것이라는 뜻일 것이다. 그들은 당신의 의견을 듣지 않고는 결정을 내리지 않는다는 사실을 확인시켜 주려 할 것이다.

이렇게 생각해 보면, 이는 더욱 대단한 권세다. 당신의 도시, 주, 국가 등 다양한 수준에서 선출된 관리들이 척 리프카에게 그랬듯이 당신을 찾아온다면, 당신은 영향력을 발휘하게 된다. 그리고 이런 종류의 권세는 사업을 통해서 온다. 성경적 사업가들이여, 나는 강력한 요청으로 이 장을 마감하고자 한다. "나오시오. 우리는 당신들이 필요합니다!"

Chapter 10
Reaching Nations

열방으로 나아가기

"그러므로 너희는 가서 모든 족속으로 제자를 삼아 …"(마 28:19).

베르트홀드(Berthold)와 바바라 베커(Barbara Becker)는 독일에 살고 있으며, 그는 그곳에서 빈틈없는 사업가다. 그는 상당히 높은 평가를 받으며 오랫동안 제너럴 모터스의 유럽 지사에서 승진의 사다리를 거침없이 올라갔다. 1986년 초, 나중에 제너럴 모터스의 사장이 된 잭 스미스(Jack Smith)는 베르트홀드에게 새로 개설된 스위스 취리히에 있는 제너럴 모터스 유럽 중앙사무소의 최고 직위를 제안했다.

하지만 1986년경, 하나님은 이제 막 시작되는 단계의 전국적 기도운동인 '독일을 위한 중보'의 선구자가 되도록 베르트홀드와 바바라를 부르셨다. 그렇기 때문에 회사로부터 새로운 제안을 받은 직후 주님께서 그에게 회사를 떠나 그분과 함께하는 새로운 길을 가라고 명령하신 것이 전혀 의외의 일은 아니었다.

베르트홀드의 말을 빌자면, "나는 그들이 바라는 장래 최고 경영진의 한 사람이었으므로 제너럴 모터스의 이사회는 내가 떠날지도 모른다는 사실에 충격을 받았다. 그래서 그들은 내게 고위직으로 복귀하겠다는 보장 하에 상당한 재정 혜택을 동반한 1년의 안식년을 주겠다고 제안했다. 이사회는 내가 시간이 좀 지나면 '정상으로 돌아오길' 바랐던 것이다. 6개월이 지난 어느 날, 이사회 회원들로부터 내 안부를 묻는 두 통의 전화가 걸려 왔고, 그들은 내가 돌아오기만 하면 자리는 아직 비어 있다고 말했다. 그 다음 날, 주님은 히브리서 10장 34-38절 말씀으로 내게 도전하셨다. 즉시 나는 회사와의 관계를 청산하고 고소득, 차, 주택, 기타 다른 유혹적인 보상을 포기했다."

베커는 자신이 제너럴 모터스 유럽 지사에서 성공한 이유를 다음의 네 가지로 설명했다.

1. "일과 자동차라는 상품에 대한 나의 애정과 헌신."
2. "자신의 직업으로 주님을 섬겼던 다니엘과 다른 성경 인물들처럼 내 직업에서 하나님을 섬기려는 열망, 그리고 내 직업은 나를 향한 하나님의 인생 소명이며, 내가 이 회사에 있는 것은 하나님 나라의 대표로 있는 것이라는 생각."
3. "예언적 조언자들과 함께 나와 회사를 위해 중보기도하는 아내 바바라의 지원."
4. "경영상의 결정과 사람들을 지도하는 일, 특히 상품에 대한

아이디어만이 아니라 비용과 투자 절감 면에서 창조적 아이디어를 주시는 주님의 은혜와 성령의 영감. 실제로 주님은 내게 어떤 종류의 상품이 장차 필요할지 말씀해 주셨고, 나는 상품 디자인에도 영향을 미쳐 연간 수백만 달러를 절약할 수 있었다. 성령께서 활동하실 때 회사에 미치는 효율성은 엄청난 것이다. 그러면서 나는 문자 그대로 '회사의 예언자'가 되고 그렇게 존경받았다."

당시 그는 주님께서 그를 어디로 인도하실지 몰랐지만 컨설팅 사업을 시작했고 몇 년 안에 그는 우크라이나로 인도하심을 받았다. 우크라이나로 가는 것은 주님이 그를 다시 옛 공산주의 국가들을 돕게끔 인도하시는 것이었다.

제너럴 모터스의 리더들과 그들의 최고 경영진 후보자 사이에 진행된 대화가 상상된다.

"당신이 우리 회사를 떠날 거라면, 무슨 일을 할 겁니까?"

"주님이 저를 우크라이나로 인도하고 계세요."

"선교사가 될 건가요? 교회를 개척할 계획입니까?"

"아뇨, 주님은 제가 사업가로서 우크라이나에서 새로운 사업을 시작하도록 인도하고 계세요."

베르트홀드는 자신이 그곳에서 하게 될 일이 무엇인지 전혀 몰랐지만, 정기적으로 우크라이나를 방문하기 시작했다. 그는 그곳을 여행하면서 끊임없이 물었다. "하나님, 제가 여기서 무슨 일을 하길 바라십니까? 하나님께서 저를 이곳에 부르셨음을 압니다. 제가 무엇을 해야 할까요?"

어느 날, 그는 빵 한 조각을 먹다가 거의 바닥에 뱉어 버릴 뻔했다.

"이런, 이거 정말 끔찍한데!" 하고 그는 소리를 질렀다.

혹시 잘 모르는 독자들을 위해 얘기하자면, 독일인들은 빵을 잘 만들 줄 아는 사람들이다. 이 부분으로 필요가 있다는 걸 깨닫고, 베르트홀드는 상황을 조사한 후 우크라이나의 모든 빵집은 정부에서 운영한다는 걸 알게 됐다. 자, 정부는 하나님이 만드셨다. 만일 정부가 없다면, 무정부 상태와 혼란만 있을 것이다. 정부는 질서와 평화, 안정성을 드높이는 중요한 역할을 한다. 하지만 빵을 만드는 일은 그런 멋진 기능에 속하지 않는다. 그래서 베르트홀드는 이렇게 선언했다. "아무래도 내가 빵집을 시작해야겠어."

그는 빵을 굽는 법은 몰랐지만, 사업체를 경영하는 법은 알고 있었다. 그래서 그는 자기가 찾을 수 있는 최고의 제빵사를 고용하고 스위스 군대가 쓰던 이동 제빵소를 구입했다. 비록 중고긴 했지만 설비는 거의 새것이었다. 생각해 보라. 스위스는 역사상 다른 나라를 침공해 본 적이 없는데 이동 제빵소가 필요할 이유가 있겠는가? 필요가 없으니 그들이 팔아 치운 것이다. 스위스 시계를 만드는 정확성으로 제조된 그 설비를 낮은 가격으로 이용할 수 있었다.

시간이 지나서 베르트홀드는 10개의 이동 제빵소를 준비해서 사업 모델로 우크라이나 곳곳에 배치했고, 인도주의적 목적으로 20개 이상을 사용했다. 그는 그리스도의 증인이지만, 교회를 이끌면서 할 수 있는 일은 아니었다. 그보다 하나님은 그를 인도하여 하나님 나라의 사업을 시작하셨다. 오늘날 베르트홀드와 그의 팀은 공산주의 통치자들이 회사의 운영을 의논하기 위해 사무실을 방문할 때, 그들을 그리스도께로 인도하고 있다.

이 일터 사역자의 사업적 통찰력과 하나님의 음성을 듣는 능력이 서로 부합되어 그를 축복된 자리에 이르게 했다. 그의 사업은 번창하여 그로 인해 우크라이나인들에게 좋은 상품을 공급하며, 소련 붕괴의 오랜 여파로 일자리가 절실하게 필요했던 사람들에게 직업을 제공하고 있다.

연합의 힘

여러 해 전, 내 친구 폴 탠(Paul Tan)이 아직도 내 머릿속에 선명하게 떠오르는 이야기 하나를 들려주었다. 그의 동업자가 그에게 물어보았다고 한다. "세상에서 가장 부유한 사람은 누구입니까?" 폴이 대답을 해 주자, 그의 동업자는 이렇게 말을 이었다. "그 사람, 그리스도인입니까? 주님께서 이방인들의 부가 우리에게 쌓일 것이라고 약속하셨잖아요."

폴은 그리스도인은 아니라고 대답하면서 부의 여러 가지 차원을 얘기해 나갔다. 하지만 나중에 자신의 말이 공허하게 들린다는 걸 깨달았다. 스스로의 반응이 불만스러웠던 그는 이렇게 기도했다. "주님, 왜 이 세상에서 가장 부유한 사람이 그리스도인이 아니란 말입니까? 우리가 악한 자들의 부를 손에 넣지도 못한다면, 어떻게 주님께서 온 땅에 전파될 수 있습니까?"

몇 달 동안 이 문제로 머리를 싸매던 어느 날, 폴은 주님의 영이 이렇게 말씀하시는 것을 느꼈다. "폴, 이 세상에서 가장 부유한 사람은 그리스도인이다. 하지만 네가 생각하는 것처럼 어떤 개인이 아니야. 그건 나의 몸이다. 그리스도의 몸은 어떤 사람보다 부유하다. 문제는 내 몸이 너무 산산조각이 나서 영향력을 잃어버린 것이란다."

하나님의 사람들이 연합하여 일할 때, 거대한 상승작용이 일어난다. 나는 여러 해 동안 핵심 교회가 연합을 이루기 위해 상당히 노력했으나 결국엔 시들해지고 마는 것을 지켜보았다. 대부분의 도시에서 지역 회중의 연합은 조용한 장소에서 이뤄지는 소규모 목회자 기도 모임이나 유명 강사를 내세운 도시 복음화 캠페인에서 보이는 간헐적인 공동사업에 한정되었다. 하지만 이제는 그리스도의 몸이 연합해야 하며 사업은 이를 위한 도구가 될 수 있다. 중동의 평화는 정치적 의제를 통해 이루어지지 않는다. 종교적 열광은 사람들 사이의 골이 더 깊어지게 할 수도 있다. 하지만 사업은 우리가 서로를 얼마나 필요로 하는지 깨닫는 자리가 된다.

4장에서 나는 일터 사역에 대한 논의를 표적과 기사에서 시작하면서 이는 하나님이 그분의 자녀들에게 주신 명백한 성경적 징조이기 때문이라고 했다. 사도 바울이 자신의 사도성을 판가름하는 기준으로 삼고자 했던 한 가지 표징은 바로 삶을 변화시키는 예수 그리스도의 은혜를 사람들에게 끼치는가였다. "사도의 표 된 것은 내가 너희 가운데서 모든 참음과 표적과 기사와 능력을 행한 것이라"(고후 12:12).

일터 사역자에 대한 논의의 시작이 표적과 기사라면, 다음은 모든 민족에게 복음을 전파하는 목적으로 끝을 맺어야 한다. 지상명령으로 알려진 그리스도의 명령에서 그분이 제자들을 부르신 것은 "가서 모든 족속으로 제자를 삼아…"(마 28:19)라는 이유 때문이었다. 창세기로부터 시작해서 하나님은 다음의 구절을 포함하여 '모든 족속'에 관련된 말을 17번 언급하신다.

"내게 구하라 내가 열방을 유업으로 주리니 네 소유가 땅 끝까지 이르리로다"(시 2:8).
"열방은 모였으며 민족들이 회집하였은들 그들 중에 누가 능히 이 일을 고하며 이전 일을 우리에게 보이겠느냐 그들로 증인을 세워서 자기의 옳음을 나타내어 듣는 자들로 옳다 말하게 하라"(사 43:9).
"길 가운데로 흐르더라 강 좌우에 생명 나무가 있어 열 두가지 실과를 맺히되 달마다 그 실과를 맺히고 그 나무 잎사귀들은 만국을 소성하기 위하여 있더라"(계 22:2).

당연히 주님께서 그들의 불순종 때문에 열방을 심판하리라 말씀하신 때도 있었지만, 성경을 자세히 살펴보면, 세상의 열방(모든 족속)에 대한 하나님의 심정이 드러난다. 어떤 특정한 나라, 지역, 대륙이 아니라 모든 열방 말이다. 이 사실은 요한의 천국 환상에서 가장 잘 나타나는데, 그는 이렇게 기록했다. "이 일 후에 내가 보니 각 나라와 족속과 백성과 방언에서 아무라도 능히 셀 수 없는 큰 무리가 흰 옷을 입고 손에 종려 가지를 들고 보좌 앞과 어린 양 앞에 서서"(계 7:9).

눈을 들어

우리는 일터 상황에서 훨씬 높은 차원으로 눈을 들어 모든 나라를 보기 시작해야 한다. 아직 이 부분에서는 우리가 여전히 부족함을 인정하지만, 그래도 상당한 진전을 이루고 있어 하나님께 감사한다. 나는 이런 갈망을 마음에 깊이 간직한 사람들을 많이 알고 있다.

이미 거너 올슨과 국제 기독인 상공회의소에 대해 이야기한 바 있다. 이 사업 경영자들이 여러 나라에서 하나님 나라를 위해 얼마나 위대한 일을 하고 있는지도.

독일의 베르트홀드 베커에 대해 방금 여러분에게 얘기했다. 우크라이나의 일 말고도 몽골과 아프리카의 몇 개국, 이스라엘에서도 하나님은 그의 전문적 사업 기술을 사용하셔서 하나님의 나라를 확장하고 계신다.

영국의 줄리안 와츠와 리처드 플레밍에 대해서도 말했다. 미국에는 미네소타 주 미니애폴리스의 데니스와 메건 도일 부부, 제이와 샐리 베네트 부부가 있다.

바베이도스에 사는 키핀 심슨은 영국과 미국은 물론이고 카리브 해 전 지역에 걸쳐 하나님 나라의 영향을 미치고 있다.

이 모든 사업 지도자들과 내가 미처 다 열거하지 못한 다른 많은 사람들이 하나님 나라 중심의 사업을 운영하며 하나님의 임재를 열방에 전하는 데 쓰임받고 있다. 최근 몇 년간 나는 카자흐스탄을 여행하며 중국으로 쉽게 왕래할 수 있는 유능한 사업가들을 만났다. 지금껏 아프리카의 수십 개 국가를 거친 구호 봉사 팀과 아프가니스탄에서 일해 본 경험도 있다.

거기다 얼마 전에는 친구인 에드 실보소로부터 그의 모국인 아르헨티나의 최근 발전에 관한 새로운 소식을 들었다. 현재 그는 아르헨티나의 모든 지역과 협력해서 일하는 팀을 이끌고 있다. 그들은 가난한 사람들에게 물품을 나눠 주며 영향력 있는 사람들을 모아서 국제 기독인 상공회의소와 함께 동역하고 있다. 그들의 목표는 그리스도인 사업가들의 조직망을 형성해서 일터 사역자들을 북돋우고, 준비시키며, 배치하는 것이다.

우리가 2002년 봄에 가졌던 모임을 생각하면 이것은 개인적으로 가슴이 벅찬 일이다. 점심을 먹으면서 에드와 나는 큰 혼란에 처한 아르헨티나에 대해 얘기했다. 겨우 한 달 사이 대통령이 네 번이나 갈리고 바뀌지 않았던가. 국가의 경제가 비틀거리는 가운데 교회를 휩쓰는 부흥의 분위기에도 불구하고 아르헨티나는 곤경에 빠진 상태였다. 에드에게 이런 말을 했던 기억이 난다. "자넨 하나님 나라의 뛰어난 전략가잖아. 하나님께 자네의 나라를 위한 전략을 간구해 보게. 그분이 꼭 방법을 알려 주실 걸세."

앞서 말한 움직임은 현재 아르헨티나뿐 아니라 전 세계의 다른 나라에서도 일어나는 중이다. 지난 몇 년간, 멜(Mel)과 헤더 멀린 (Heather Mullin)은 캐나다의 앨버타 주 레드디어에서 '도시에 충격을, 국가에 영향을' 로 알려진 컨퍼런스를 주재했다. 하나님은 이 부부를 사용하셔서 캐나다 전역에서 사업 방면의 영적 지도자들로 이루어진 군대를 양성하고 계신다. 이 컨퍼런스 때문에 한 해 수천 명의 사람들이 몬태나 주 국경의 북쪽 수백 킬로미터 떨어진 인구 6만 명의 소도시로 몰려들었고, 최근에는 몬트리올과 오타와까지 진출했다. 그리고 언젠가는 캐나다의 모든 지방에 침투할 계획을 세우고 있는 중이다.

멜은 목사면서도 전통적인 교회 경계 밖에서의 리더십이 필요함을 깨달은 사람이다. 예를 들자면, 그는 자신의 교회에 다니는 젊은 사업가 마이크 퍼스트(Mike Furst)를 지도해 왔다. 최근 그는 퍼스트를 교회를 위한 '일터 사역자' 로 명명하고 공개적으로 그들의 도시와 국가에서 사업 세계를 섬기는 사역자로 인정했다.

2004년 초, 나는 주님께서 파라과이, 카리브 제도, 멕시코, 미국에서 사업가들을 전도하기 위해 사용하시는 릭(Rick)과 수 시버거(Sue Seeburger) 부부와 접촉한 적이 있다. 그들의 심정은 열방을 변화시키려는 것이었지만, 그들의 방법은 기존의 복음 전도와 교회 개척이 아니었다. 오히려 그들의 초점은 사람들의 품성을 교육하고 성실하게 행하도록 준비시켜, 어떤 상황에서든 그들의 말이 신뢰할 만하고 진실한 사람이 되게 하는 것이었다.

기존의 핵심 교회 구조에서 사역의 시간을 보낸 후, 릭은 그의 사역(사업)을 사업 세계로 옮겨 왔으며 이런 가르침을 잘 받아들이는 청중들을 발견했다. 나는 이런 사례들을 우리 세상의 열방이 바로 지금 하나님 나라의 메시지를 받아들일 준비를 하고 있다는 신호로 보고 있다.

내 마음이 한껏 고무되었지만, 만족하지는 못한다. 어느 정도 궤도에 오르기는 했지만, 이 특정 분야에서 우리의 믿음과 활력의 수준, 넘치는 열정으로 박차고 앞으로 나아가 그리스도를 위해 세상에 복음을 전파하리라 믿는다.

하나님 나라를 위해 맞서기

미국에서 우리는 몇 년 동안 중동에서 투쟁적인 무슬림들이 미국으로 이민 오는 것을 (공포와 불안으로) 지켜보곤 했다. 분명 그들이 전도할 작정을 하고 '선교사들'로 온 것은 아니지만, 그들 마음에 무엇을 품고 있는지 우리는 알고 있다. 그들이 사업가로 온 목적은 이 땅에 정착하는 것이지만, 그들의 마음 이면에는 여기에 침투해서 결국엔 지배하고 싶은 마음도 있다. 그들은 자신의 명분을 지키는 데 대단히 투쟁적이지만, 그들의 발판은 바로 사업이었다.

마찬가지로 하나님 나라 사고방식의 사업가들도 일터뿐 아니라 모든 나라에 영향을 미칠 수 있는 전략적 영역에서 그리스도를 위해 싸워야 할 때다. 당신은 다국적 기업에서 일하는가? 내 말은 여러 나라에 사무소를 두거나 다국적 무역업에 종사하는 회사인가 하는 것이다. 그렇다면 당신의 회사를 나타내는 국가들을 위해 기도하면서 당신의 영적 권세를 발휘하기 시작하라.

하나님이 당신을 선교사로 부르신다고 느끼는가? '선교로서의 사업' 이라는 현재의 방향을 잘 참작해 보라. 오늘날 당신이 선교사나 교회 개척자, 복음 전도자의 신분으로는 들어갈 수 없지만 사업 지도자로서는 환영받는 장소들이 아직도 대단히 많다. 하나님은 당신에게 사업가적 정신을 부여하셨다. 이제 앞으로 나와서 당신의 나라와 지구상의 다른 나라들을 축복할 때다.

나는 중동을 한 번 방문한 적이 있는데, 아무도 내가 그리스도인이며, 더욱이 예전에 목사였다는 사실을 몰랐다. 하지만 그들은 사업 컨설턴트로서 내 교훈을 환영했다. 상황상 어쩔 수 없이 관습적인 성경 용어들을 피했음에도, 세미나 중에 몇몇 다른 그리스도인 사업가들과 나는 성경 원리들을 가르칠 수 있었다. 그 결과 설교 때문이 아니라 삶의 본보기로서의 섬김을 통해 하나님 나라에 들어가는 영혼들이 생겨났다. 우리의 짧은 방문의 막바지에 몇몇 중동 사람들은 그리스도를 따르기로 결심했다. 그들은 "만일 당신들이 그리스도인이라면, 저도 그런 사람이 되고 싶습니다"라고 말했다. 중동을 재건하는 가운데 하나님은 우리를 부르셔서 하나님 나라를 위해 덜 전통적이지만 실제적이고 기름부음받은 방식으로 그 국가들과 접촉하게 하신다.

일터 사역자들에게서 나타나는 모든 표징들은 온 열방에 진출하는 데 사용되어야 한다. 예수께서 그분이 했던 일을 우리가 하며, 더 큰일을 할 것이라고 말씀하셨을 때(요 14:12), 그것이 모든 나라에 영향을 미칠 기적을 말씀하신 것일까? 당신은 그런 종류의 기적을 경험할 믿음이 있는가? 하나님이 주신 권세를 사용해서 열방을 변화시키도록 하라.

성경적 사업가들은 어떻게 하나님을 위해 여러 나라에 영향을 미치는 다국적 기업을 설립할 수 있을까를 포함해서, 여러 모로 폭넓은 견지에서 생각할 필요가 있다. 당신이 장차 올 부의 이전을 위해 기도하고 있다면, 이것은 대개 열방을 위한 것이지 개인적인 이득을 위한 것이 아님을 인식하라. 하나님이 지금 뭐라고 말씀하시는지 긴밀히 귀 기울여 듣는다면, 확신하건대 하나님은 당신에게 열방에 대해 말씀하실 것이다. 변모하는 사회를 생각할 때, 우리는 단지 미국의 도심 지역에 국한된 활동으로는 만족할 수 없다. 오히려 우리는 전 세계 국가들 차원에서 사고하기 시작해야 한다. 그리스도의 부르심은 단지 사람들이나 도시에 전도하는 것이 아니라 온 열방을 제자 삼는 것이다. 이 목적이 모든 일터 사역자들의 마음에 세워질 때까지 우리는 만족할 수 없다.

일터 사역자의 표징들은 다양하고 많지만, 이를 전체적으로 보면 모든 열방을 향해 나아가라는 하나님의 명령이 떠오른다.

이 일은 낮은 곳에서 '독불장군'으로 일하는 지도자나 정상에서 자만심에 가득 찬 지도자에게는 일어나지 않는다. 이것은 그리스도의 몸이 조화와 목적 면에서 화합을 이룰 때 일어날 것이다. 이는 우리가 더 위대한 하나님의 일을 위해 개인적인 문제들을 내려놓을 때 일어날 것이다.

이미 말했지만, 이 글에서 논할 만큼 열방을 향한 완벽한 일터 사역자의 예증은 내게 없다. 그럼에도 나는 이 글을 읽는 독자들 가운데 누군가는 오늘날 자기 삶의 경험 속에서 이를 써 나가고 있으리라 믿는다. 이것이 하나님의 마음이라는 걸 나는 안다. 그리고 많은 사람들이 그런 모습으로 열심히 그분을 따르고 있다는 것도 알고 있다. 나는 선지자의 분별력으로 이렇게 그리스도를 순종하며 따르는 이들에게 이야기하려 한다. "다가올 미래에 온 열방에 변화를 일으키도록 하나님께서는 당신을 들어 쓰실 것이다. 하나님이 주실 전략을 기대하라. 그렇게 된 후에는 그 전략이 실행될 수 있도록 당신의 형제자매들과 연합하라."

Chapter 11
Marketplace Minister in Action

11장

활동하는 일터 사역자

"믿는 자들에게는 이런 표적이 따르리니 곧 저희가 내 이름으로 귀신을 쫓아내며
새 방언을 말하며 뱀을 집으며 무슨 독을 마실찌라도 해를 받지 아니하며
병든 사람에게 손을 얹은즉 나으리라 하시더라"(막 16:17-18).

예수님은 하나님께서 그분을 따르는 이들에게 능력을 주신다
고 말씀하신다(막 16:17-18). 이 초자연적인 능력으로 그들은 기적을
행할 수 있다. 나는 이런 표징이 수많은 일터 사역자들의 삶 가운
데 분명히 드러나리라 확신한다. 지금까지 나는 이런 표징들 중
대략 일곱 가지를 이야기했다. 물론 더 많을 것이다. 하지만 이것
이 주님께서 내게 기록하라고 지시하시고 촉구하신 부분이다. 앞
으로 몇 년 동안, 우리는 일터 사역자들의 수가 늘어나는 것을 목
격할 것이다. 그들이 등장할 때, 이런 표징들도 그들을 뒤따를 것
이다.

약 3년 전에 내가 처음 이 기름부음받은 일터 사역자들에 대해
묵상하며 그 현실을 생각하기 시작했을 때, 내가 아는 사람은 얼

마 되지 않았다. 그러나 내가 이 도시 저 도시, 여러 나라로 여행의 반경을 넓혀 가면서 나는 이 새로운 유형의 사역자들이 점차 늘어나는 것을 목격하기 시작했다. 내가 그들을 찾아내기도 했지만, 하나님께서 미리 그들에게 말씀하셨던 까닭에 그들은 이미 자신들의 정체성을 알고 있었다. 앞서 9장에 나왔던 도시, 미네소타 주 엘크 리버에 있는 사업 지도자 켄 뷰드리(Ken Beaudry)와 나눈 대화가 기억난다. 그 도시에서 그의 삶이 전개되는 것을 지켜보며 나는 이런 말을 했다. "켄, 나는 당신이 일터 사도라고 믿습니다."

그가 대답했다. "저도 알고 있습니다. 주님께서 제게 예전에 그렇게 말씀하셨거든요."

주님께서 수많은 사람들에게 그들의 삶을 향한 그분의 부르심에 대해 그들이 미처 알아차리기 전부터 말씀해 오셨다는 사실은 하나님을 따르는 이들에게는 의외의 일이 아니다.

실제적인 도움들

나는 몇 가지 실제적인 지침으로 이 책을 마무리하고자 한다. 우리는 일터 사역자들의 표징을 알아야 할 뿐 아니라 이런 지도자들을 알아볼 필요가 있다. 나는 여기에 대해 주님께 말씀드리면서 어떻게 해야 내가 독자들에게 이 부분을 잘 설명할 수 있는지 여쭤 보았다. 그 응답으로 하나님은 일터 사역자들을 알아볼 수 있는 네 가지 일차적인 방법이 있다고 말씀하셨다.

1. 그들은 자신의 영향력의 분야에서 비범한 권세를 지닌다.

우리가 핵심 교회 내부만 들여다본다면, 우리는 하나님의 능력 있는 일꾼들을 놓치게 될 것이다. 기독교계에서는 일률적으로 핵심 교회 안에서 우리의 지도자를 찾지만, 일터 사역자들은 그들의 영향력이 아주 민감하게 느껴지는 곳에서 권세를 발휘하게 될 것이다. 대부분의 사회학적 사상가들은 세상의 주된 영향력의 여덟 가지 분야를 이렇게 규정한다.

- 종교
- 가족
- 정부/법
- 건강
- 교육
- 사업
- 오락/매체
- 과학과 기술(후자는 최근 이 분야의 상당한 발전으로 인해 덧붙여졌다)

이 말은 우리가 교육 분야에서 하나님의 일터 사역자를 발견하며, 그가 교육 체계에 권세를 행사할 것이라는 의미다. 교회, 가족, 정부, 의료, 사업, 매체, 과학의 분야에서도 마찬가지다. 하나님께서는 그분의 자녀들에게 영향력의 각 분야에서 활동할 권세를 부여하고 계신다. 그리스도인으로서 우리는 각 분야의 원칙 속에서 지도자로 인정받고 준비되며 파송된 후에야 세상에 영향을 미친다는 걸 알게 될 것이다. 너무나 오랫동안 우리는 지역 교회의 구조 속에서 개종자를 얻고 (제자 삼는) 과업을 달성하려 노력해 왔다. 몇 가지 뚜렷한 예외가 있지만, 이런 방법은 이때껏 그다지 효과가 없었다.

이제 당신이 사는 도시를 생각해 보라. 지역 교회 현장의 지도자들은 인정받고 알려지기도 쉽다. 최근 직장 공동체의 지도자들을 인정하는 방향으로 소폭 진전이 있었는데, 이것이 우리 과업의 진보에 기초가 된다고 믿는다. 하지만 그들을 인정한 뒤에는 각 도시와 지역, 영향력의 분야에 하나님이 정하신 지도자들을 훈련시켜 파송해야 한다. 좋은 소식은 이것이다. 하나님께서는 이미 그들에게 말씀하시고, 그들을 부르시며, 그들을 통해 다음에 다가올 변화의 물결을 준비하게 하신다.

그들을 발견해서 인정하려면, 권세가 있는지 찾아보라. 배우 멜 깁슨(Mel Gibson)이 훌륭한 본보기다. 그는 하나님으로부터 비전을 받았고, 무지막지한 박해와 억측에도 불구하고 자신의 경력을 내던지고 "패션 오브 크라이스트"(The Passion of the Christ)를 영화로 만들었다. 개봉한 지 두 달이 채 못 되어 이 영화는 박스 오피스 수입이 3억 5천만 달러를 돌파했으며, 역사상 가장 유명한 영화들의 반열에 올랐다. 하나님이 그에게 주셨던 고차원의 권세로 인해 깁슨은 이 일을 끝까지 해낼 수 있었다. 이제 그는 성공했고, 그의 권세는 더욱 높은 수준에 이르렀다.

당신의 삶에서도 마찬가지의 진리를 발견하게 될 것이다. 주님께서 당신에게 부여하신 권세 가운데 행하면, 당신의 삶을 향한 그분의 목적을 이루는 데 성공할 것이다. 당신이 성공의 영역으로 옮겨 가면, 당신의 권세는 더욱 커질 것이다. 마태복음 28장 18절에서 예수님은 하늘과 땅의 모든 권세가 예수님 당신께 주어졌다고 말씀하셨다. 예수님은 이 권세를 오늘날의 일터 사역자들에게 전달하기로 하셨다.

2. 그들은 다른 이들을 멘토링하고 온전케 하는 일에 몰두한다.

에베소서 4장 11절에 나오는 다섯 가지 은사를 연구해 보면 하나님께서 우리에게 기본적인 은사들을 주셔서 다른 사람을 훈련시키고 온전케 하는 일에 사용되게 하셨다는 사실을 알게 된다. 이 구절을 잘 살펴보면 이 다섯 가지 은사들이 교회에 주어진 것은 성도를 온전케 하기 위해서임을 알게 된다.

- 사역의 직무
- 그리스도의 몸의 덕을 세우는 일(고양하고 격려하는 일)

일터 사역자들은 다른 이들을 훈련시켜 그들을 돕고 따르게 하며, 그들이 권세를 발휘하는 영향력의 분야에 하나님의 나라를 실현할 수 있게 하는 것이 그들의 의무임을 알아야 한다. 일터는 이런 지도자들을 위한 사역의 장소인 까닭에 그들의 임무는 다른 성도들을 온전케 하여 그곳에서 사역을 수행케 하는 것이다. 그렇게 될 때, 덕이 세워지고 고양된다. 한 사람이 자신의 소명과 목적으로 들어설 때, 이는 개인적으로는 대단한 유익이며, 더 큰 그리스도의 몸으로 자라게 한다. 핵심 교회의 환경에만 사역 훈련을 제한하는 것은 부적절하다는 것을 당신도 발견하게 되길 바란다. 우리가 계속 이런 식으로 활동한다면, 우리는 단지 한쪽 부류의 사역자만 양산하게 될 것이다.

나는 일터 사역자들이 그를 따르는 신자들을 멘토링하고 온전케 하기를 요청한다. 나는 일부러 여러 이유에서 내가 10장에서 언급했던 지도자 릭 시버거(Rick Seeburger)가 확언한 '멘토'라는 단어를 사용한다. 그는 국제 변화 사업(BFCI, Business for Change International)이라는 조직의 대표로, 「일터 교회의 역동성」(Dynamics of the Marketplace Church)이라는 훈련 교본에서 이렇게 말한다.

능숙한 훈련자는 다섯 차원에서 관계에 영향력을 미친다.

· 차원 1 – 가르치기(지식 나누기)
훌륭한 교사와 훌륭하지 않은 교사의 차이는, 훌륭하지 않은 교사는 과목을 가르치지만, 훌륭한 교사는 학생을 가르친다는 것이다. 이것은 무엇을 '배우는가' 보다 무엇을 '이해하는가' 가 중요하다는 얘기다.

· 차원 2 – 상담하기
상담자는 피상담자의 요청으로 다른 사람의 인생을 들여다보는 기회(창)를 얻는다. 결혼과 재정 상담이 그 실례다. 상담자는 종종 그 사람의 '인생 전체'에 제한된 접근을 할 수 있다. 좋은 상담자는 피상담자가 그들의 변화 능력을 향상시키도록 돕는다.

· 차원 3　코치하기

코치는 한 사람의 특정 기술을 발전시키며 나아가 삶의 다른 측면을 개발하는 일을 도우라는 요청을 받는다. 코치는 개인들이 성장하도록 돌보며 그들 인생의 잠재력을 개발하는 데 헌신한다. 코칭의 한 형태인 다음 두 가지 차원은 한 사람의 발전이 지향하는 규율이나 프로그램을 가리킨다.

· 차원 4 - 제자 삼기

다른 사람을 제자 삼으려는 사람은 보통 특정한 프로그램 내에서 역할을 수행하는 데 필요한 기본적인 인격, 지식과 기술 측면에서 한 사람을 가르치고 관리한다. 예를 들어, 예수께서는 삶과 사역이라는 그분의 '프로그램' 안으로 열두 명을 부르시고 제자 삼으셨다. 오늘날 많은 교회에는 사람들에게 그리스도를 따른다는 것이 무엇인지 가르치는 제자화 프로그램이 있다. 문제는 제자도가 삶의 목적보다는 교회의 사고방식으로 사람들을 집중시킨다는 것이다. 결론적으로, 대다수의 그리스도인들은 자신의 사역을 교회의 '바깥 구역'이 아니라 '내부'에서 찾게 된다. 어떤 시점에서는 사람들이 그들의 재생산 능력을 증명할 수 있도록 외부로 파송될 필요가 있다.

· 차원 5 - 멘토링

멘토링은 앞선 모든 차원들을 포함하며 인격, 지식, 기술의 필수적인 요소들을 재생하는 데 우선 집중한다. 덧붙여, 멘토링의 필수적인 의무는 멘토링을 받은 후에 그를 파송하겠다는 헌신이다. 효과적인 멘토링은 멘토가 그의 능력을 멘토링받는 사람의 삶 속에 집중하는 것이다. 멘토링을 요청하는 사람은 자신이 스스로 설정해 놓은 목표를 달성하는 데 필요한 필수 요소들을 멘토가 구비시켜 주기를 원한다. 예를 들자면, 장인 목수가 견습생을 준비시키는 일이 그런 것이다. 의사는 인턴의 멘토가 되어 주며, 바울과 디모데의 관계도 그렇다. 멘토링은 온전케 하고 파송하는 일에 집중된다. 제자들은 육체적으로 현존해서 그들의 행동을 감독하시는 예수님이 없이도 계속해서 사도(기초 토대)가 되었다.[1]

이런 종류의 훈련은 스스로 재생산하며 그들의 '멘토링 제자'들을 모든 영향력 있는 분야로 파송하는 일터 사역자들로부터 유래한 것이다. 현대 교회에 부족한 것이 있다면, 그것은 사회로부터 물러나는 경향이다. 그리스도인의 영향력이 세상에서 사라져 갈 때, 세상은 점점 악화된다. 보스턴에서 베이징까지 그리스도인들이 모든 사회 속에서 자신들의 존재를 알리고 느끼게 만들어야 할 때이다.

3. 그들은 도시나 국가 차원의 변화를 일으키고 있거나, 이미 그 일에 관련되어 있다.

전 장에서 여기에 대해 상세히 말했지만, 이것이 하나님에게는 너무나 중요한 쟁점이라고 믿기 때문에 반복해야겠다. 당신이 어떤 식으로든 도시나 국가의 변화를 주도하는 데 관여하지 않는다면, 당신은 그리스도 안에서 당신의 소명과 운명의 핵심을 빠뜨리는 것이다. 간단히 말해, 그런 노력을 기울이지 않고 있다면, 당신은 일터 사역자가 아니다. 올바른 방향을 향한 첫걸음은 사고방식의 변화다. 알다시피 당신은 자신이 영향을 미치는 분야에서 하나님을 섬기도록 그분으로부터 부름받았다. 이제 국가라는 더 넓은 범위 안에서 당신께 은혜를 달라고 그분께 간구하기 시작하라.

나는 많은 일터 사역자들이 자신이 사역 중인 것은 알지만 지역 교회에서 이 과업으로 지지받지는 못했음을 발견했다. 이런 인식의 부족 때문에 많은 사람들이 자신의 소명에 대해서는 아무것도 하지 않거나 따로 고립되어 별 효과 없이 일해 왔다. 이제 당신의 진정한 소명을 확인받았다면, 이를 하나님이 당신에게 부여하고자 하시는 수준까지 끌어올리라. 이런 사고방식의 변화에는 당신의 소명을 받아들이고, 그 명령을 수용하며, 하나님의 목적을 완수하는 일이 포함된다.

사회 변화의 한 가지 실례는 남미 국가 파라과이에서 일어났다. 이 나라는 국제 변화 사업이 형성한 일터의 주도권을 통해 하나님 나라에 의해 변화되고 있다. 릭 시버거에 따르면 그들이 목격한 바는 다음과 같다.

1997년 7월, 우리는 파라과이에서 일터 교회의 노력을 확립하기 위해 전략적 훈련 주도(STI, Strategic Training Initiative) 프로그램을 시작했다. 1999년 3월, 우리는 변화의 챔피언 팀(Champions of Change Team, 대부분 비그리스도인들이지만, 이 나라의 주요한 발전을 보기 원하는 사람들)을 형성했으며, 그 다음 달에 이 나라의 첫 번째 리더십 기관을 세웠다.

오늘날 변화의 챔피언 팀원들은 국가 건설(Nation Building, 나라를 변화시키기) 과정에 들어갔으며 이 중 여섯 명은 정치적으로 전략적 위치에 있다. 한 사람은 이 나라의 새 대통령이며, 또 한 사람은 수도의 시장이고, 두 사람은 대통령의 수석 고문이며, 그밖의 사람들도 영향력 있는 위치에 있다.

이런 방법은 정부 부처 내에서, 모든 규모의 사업체에서 그리고 공적이고 사적인 부문의 여타 조직들 내에서 지도자를 훈련하고 구비시킬 기회를 우리에게 부여했다. 이런 노력의 영향이 수백만의 사람에게 미칠 잠재력이 된다.[2]

4. 그들은 일터에서 '교회'를 형성하고 있다.

많은 사람이 성소의 벽을 넘어 더 넓은 관점으로 '교회'를 바라볼 때, 우리는 일터에서 새로운 기독교적 표현을 목격할 것이다. 과거에는 이것이 대개 핵심 교회의 복사판에 가까운 것이었다. 보통 그리스도를 따르는 몇 사람이 점심 시간을 이용해 기도 그룹이나 성경공부로 함께 모여 '모든 죄인들로부터 멀리 떨어져 좋은 교제를 나눌 수 있게' 비공개로 모임을 갖는다. 물론 이런 모임들은 참가자들에게 귀한 도움을 주어 왔다. 이런 종류의 활동이 일어날 수 있게 해 주신 주님께 감사한다. 하지만 만일 우리가 일터에 영향을 주고 싶다면, 회사 상황을 더욱 광범위하게 포함하는 새로운 회중 형태가 있어야 한다.

대부분의 일터 사역에서 빠진 듯한 한 가지는 '예언적' 요소로, 하나님의 음성을 듣는 능력과 그런 방면의 초자연적 은사들을 향한 관심을 뜻한다. 하나님의 음성을 듣지 않는다면, 우리는 결국 우리의 힘과 능력으로 움직이게 되고, 초자연적 능력이 결핍된 세속적인 프로그램을 계획하게 된다. 즉, 이 예언적 요소가 있어야 우리는 하나님께서 우리에게 뜻하신 분야로 옮겨 갈 수 있는 것이다.

일터의 교회가 핵심 교회와 똑같은 정서를 가질 수는 있으나 그 형태는 다를 것이다. 나는 당신이 문을 열어 놓고, 또 눈을 뜨고 기도하길 권면한다. 친한 친구에게 말을 건네듯 하나님께 말씀드리라. '교회'가 단지 특별한 모임이나 특정한 모임 장소가 아니라 일상의 기반 위에 선 당신 인격의 일부가 되게 하라. 하나님의 임재를 일터에서도 인정하라. 평범하고 일상적인 노동 생활의 흐름 속에서 그분의 임재와 능력으로 다가가라.

만일 당신이 하나님의 일상적인 임재를 깨닫는다면, 당신이 하나님의 성령으로 옷 입고 있음을 알게 되리라. 이것은 우리의 인간적 약점이 가려지고 하나님의 마음에 반하는 모든 것이 깨뜨려짐을 뜻한다. 우리가 하나님의 영으로 충만하면, 결코 어떤 상황에서도 그분과 응답으로 주시는 그분의 말씀 외에 다른 곳으로 향할 필요가 없다. 우리가 매일의 삶 속에서 교회처럼 행동하기 시작하면, 우리는 그리스도께서 우리 안에서 계심을 깨달을 것이다. 그분의 약속이 어떤 것이든 당신의 사무실이나 공장, 판매 현장에 적용될 수 있다는 뜻이다. 하나님께서 우리 안에 대단한 능력과 계시를 부어 주셨으므로 이루어질 일의 가능성은 무한하다.

우리 생각에 사람이 하나님을 통해 이룰 수 있는 것보다 더 위대한 것은 아무것도 없다.

패트 길싱어(Pat Gilsinger)의 책, 「당신의 가정과 믿음, 일의 균형 잡기」(Balancing Your Family, Faith and Work)에서 인텔(Intel)의 기술 담당 최고 책임자는 일터에서 그리스도를 위해 살아가는 것에 대해 솔직하게 말한다. "나는 인텔에 20년 동안 있으면서 작업했던 모든 주요 회로, 프로젝트, 조직, 사업이나 기술을 하나님의 보좌 앞에 내려놓습니다. 여러분도 직장에서 그렇게 해 보기를 제안합니다."[3]

길싱어는 일터에서 하나님을 전할 기회에 대해서도 이야기한다.

- 일터에서 당신의 첫 증거는 훌륭한 직원이 되는 것이다. 그렇게 하지 않는다면, 당신이 할 수 있는 어떤 차원의 증언도 약화될 것이다.
- 당신의 두 번째 증거는 당신의 생활방식과 윤리다. 자신의 삶을 최고의 도덕과 윤리로 영위할 것인가, 아니면 별 생각 없이 부도덕하고 문제 많은 행위에 가담할 것인가? 노골적인 대화나 농담을 거들 생각인가? 사람들은 당신이 쉬는 시간과 점심 시간에 개인적으로 기도하는 모습을 보는가?
- 세 번째로, 당신은 경건하고 순전한 방법으로 다른 사람을 향해 관심을 표현할 기회를 얻을 것이다. 동료들이 아프거나 가족을 잃었을 때, "당신을 생각하고 당신을 위해서 기도할게요" 하고 이야기하거나, 꽃을 선물하거나 또는 진정

으로 "당신이 도움을 필요로 할 때 와서 당신을 도울게요"
라는 말들은 당신의 마음을 충분히 표현해 줄 것이다.

· 마지막으로, 당신은 간혹 다른 사람들에게 말로 증거할 수
있는 기회를 얻을지도 모른다. 당신이 일하는 시간을 전도
하는 데 쓰고 있다는 소문이 나지 않게 아주 신중할 필요가
있다. 이것은 내가 '훌륭한 직원'이 되고 나무랄 데 없는 전
문적 특성을 발휘하라고 강조한 이유이기도 하다. 당신이
관리자의 직위를 통해 이런 면에서 아랫사람들에게 압박을
주지 않도록 더욱 조심해야 한다. 일하는 시간에는 절대 증
거하지 말아야 하며, 쉬는 시간이나 일이 끝난 다음에 해야
한다.[4]

우리가 하나님 능력의 임재 속에 거하기를 기대하는 자리에 있
다는 것은 대단한 기쁨이다. 당신의 일터에서 하나님의 존재와
능력을 알면 승리를 확신할 수 있는 자리로 인도될 것이다. 성경
을 읽으면서 나는 예수께서 항상 제자들의 일을 축복하셨음을 발
견했다. 하나님은 우리의 업무가 우리의 사역임을 알라는 명확한
명령을 주셨다. 이제 이 능력과 목적을 충당하고, 하나님께서 우
리와 함께하시면 어떤 일이든 할 수 있음을 아는 것은 우리에게
달렸다. 일터에서 마주치게 될 문제가 무엇이든 하나님 안에 해
결책이 있다. 이것이 일터의 교회다. 비공개 기도 모임이 아니라
모든 상황에서 일하시는 하나님의 능력에 공개적으로 초청하는
것이다.

그러므로 이제 일터 사역자들이여, 이것은 그대들의 책임이다. 표징이 분명하다면, 여러분은 이것을 활용할 수 있다.

1. 표적과 기사
2. 권세
3. 굴레를 깨기
4. 부의 이전
5. 하나님의 음성 듣기
6. 성경적 기업들
7. 열방으로 나아가기

이것이 당신의 사명이다. 사업 용어로 하자면, 이것이 당신의 직무 내용 설명서다. 그렇지만 직함에 얽매이지는 말라. 다른 사람이 당신을 인정하는 것은 당신의 인격 때문이다. 최근 한 사업가가 "은사는 흔하고 거저 주어지죠. 인격은 드물고 값이 비쌉니다"라고 말하는 것을 들었다. 결국 인격은 다음과 같이 설명할 수 있다.

· 그들이 당신을 잘 모를 때도 사람들이 당신을 신뢰하게 만드는 희귀한 자질
· 당신의 적들조차 당신이 약속을 지키는 사람임을 알게 하는 성실한 표징
· 당신이 낮에 하나님의 길로 행했음을 알기에 밤에 찾아오는 내적 평화

· 아무도 보지 않을 때 당신은 누구인가

하나님께서 당신 안의 진실되고 경건한 인격을 개발하심으로 당신이 세상의 나라들을 변화시키는 데 사용될 준비가 되게 하라.

Chapter 12
Developing Marketplace Ministers

일터 사역자 개발하기

"하나님이 솔로몬에게 이르시되 … 내가 네게 지혜와 지식을 주고 부와 재물과
존영도 주리니 너의 전의 왕들이 이 같음이 없었거니와
너의 후에도 이 같음이 없으리라"(대하 1:11-12).

버지니아 주가 1861년 미국 전쟁에 가담했을 때, 로버트 리 (Robert E. Lee)는 남부 편에 섰다. 남북 전쟁에서 패한 편에서 싸우긴 했지만, 장군의 명성은 그의 사후에도 오래 지속되었다. 리는 인원이나 장비 면에서 열세인데다 몹시 지친 남부 연합군을 용감하게 이끈 리더십으로 여전히 칭송받고 있다. 아이러니하게도 미국 대통령 에이브러햄 링컨(Abraham Lincoln)은 남북 전쟁을 촉발시켰던 섬터 요새(Fort Sumter) 전투 후에 리 장군에게 북부 연방군을 지휘해 달라는 제안을 했다. 하지만 이 노련한 군대 지휘관은 "내 칼과, 필요하다면 내 생명도 함께"라고 말하며 자신이 속한 주를 따르겠다고 선언했다.

무심한 역사의 관찰자들에게는 잘 알려지지 않았지만 버지니

아 사람 조지 토마스(George Thomas)는 리 장군처럼 웨스트포인트 육군사관학교 졸업생이었다. 섬터 요새 전투가 발발한 직후, 버지니아의 주지사는 토마스에게 주의 모든 포대 병력을 지휘해 달라고 했다. 대부분의 버지니아 사람들, 특히 그의 가족은 그가 남부 편일 거라고 생각했다. 하지만 1861년 봄, 그는 북부 동맹군에 그대로 남겠다고 선언했다. 토마스는 "저는 웨스트포인트에서 헌법을 수호하고 내 나라를 섬기겠다고 맹세했습니다. 저는 저의 맹세를 깨뜨릴 수 없습니다"라고 선언했다.

토마스는 계속해서 위대한 장군으로 테네시와 조지아 주의 북부 동맹군 지휘관으로 떠올랐다. 그는 1863년 치카모카(Chickamauga)에서 훌륭하게 방어전을 지휘했고, 애틀랜타 주에서는 윌리엄 셔먼(William Sherman) 장군과 맞붙어 싸웠다. 역사가들은 그를 최고의 북부군 장군들과 같은 위치에 올려놓았다.

전쟁이 끝날 무렵 국회는 그에게 훈장을 수여하기로 결정했다. 군의 소장으로 승진하면서 토마스는 샌프란시스코에 본부가 있는 태평양 부서를 지휘하기로 했다.

하지만 그는 자신의 결정에 큰 대가를 치렀다. 국가에 대한 충성이 집에서는 비웃음을 샀다. 그는 자신이 태어난 주와의 관계만이 아니라 피를 나눈 가족들과도 관계를 끊어야 했다. 토마스가 1870년 심한 뇌졸중으로 사망했을 때, 거의 만 명에 가까운 조문객이 뉴욕에서 그의 장례식에 참석했다. 하지만 그의 가족은 단 한 사람도 오지 않았다. 나중에 가족들에게 왜 오지 않았느냐고 묻자, 그의 여동생 하나가 대답했다. "우리한테 오빠는 1861년에 죽은 사람이에요."[1]

무엇 때문에 한 남자가 자기 국가의 영예를 옹호하기 위해 그토록 뿌리 깊은 가족 유대를 깨뜨리는 위험을 무릅썼는가? 나는 그것이 단순히 다음과 같이 정의되는 웨스트포인트의 신입생 명예규정에 있다고 믿는다. "신입생은 거짓말하지 않으며, 부정행위를 하지 않으며, 훔치지 않으며, 그런 행위를 하는 사람을 묵인하지 않는다." 행동 차원에서 이 규정은 모든 신입생을 위한 단순한 기준을 말한다. 발전 단계에 들어서면 웨스트포인트는 모든 신입생들이 최소 행위 수준을 초월해서 살아가려 노력하리라는 기대를 한다. 그들은 지도자로서 도덕적 행동의 지침이 되는 윤리적 원칙에 헌신하도록 개발해야 한다.

웨스트포인트의 핵심 사명은 미국을 위한 인격적 지도자를 개발하는 것이다. 인격적 지도자는 무엇이 옳은지를 알고 그 지식에 입각해 행동할 도덕적 용기를 소유한다. 신뢰성, 공정성, 타인에 대한 존중, 가치 보존에 대한 개인적 헌신이라는 원리들이 이 규정의 정신으로 알려진 근본적 이상을 형성한다. 인격적인 지도자는 난감한 윤리적 딜레마에 부딪혔을 때 이 규정의 정신을 적용할 것이다.

군대 신입생에게 기대되는 행위는 오늘날 사업체나 정부 기관에서 실행되는 것보다 훨씬 높은 자리에 놓인다. 사업 부문에서 정직과 성실, 또는 다른 윤리들을 이야기하면 다들 웃을 것이다.

게다가 그리스도인들의 단체에서조차 약속을 지키는 일이 당연한 일이 아님을 발견했다. 나는 오래전에 교회 안에서 내가 겪은 깨어진 약속들을 더 이상 생각하지 않기로 했다. 이런 현실을 생각하면 예수 그리스도의 단순한 명령이 의외의 일도 아니다. "오직 너희 말은 옳다 옳다, 아니라 아니라 하라"(마 5:37)는 사업 세계에 거의 적용되지 않는다. 그런데 만일 당신이 상대주의에 혹해 있어서 약속을 지켜야 할 필요에 대해 내가 너무 '법률적' 이거나 '억지스럽다' 고 생각한다면, 예수께서 37절을 어떻게 끝맺으시는지 살펴보라.

"이에서 지나는 것은 악으로 좇아 나느니라."

가치의 규정

문제는 이것이다. 이런 슬픈 사태에 무슨 일을 할 수 있겠는가? 사업을 하는 그리스도의 제자들로서 나는 우리 모두 상황에 관계없이 우리의 운영지침이 될 규정을 채택할 필요가 있다고 믿는다. 훌륭한 덕목의 목록을 뽑아 보니 대단히 길었다. 어떤 범주를 정해서 다시 정리하면 짧아질 수 있겠지만, 그렇게 해서 몇몇 수상쩍은 행동이 그물망을 빠져나가도록 만들지 않기를 권한다.

군대의 명예 규정은 다음의 네 가지 특징을 포함한다.

1. 거짓말하지 않기
2. 속이지 않기

3. 훔치지 않기
4. 이런 행위를 하는 자를 묵인하지 않기

최근 우리는 컨설팅 조직에 전략상 기획 부서를 설치했다. 우리는 16개가 실린 목록에서 우리의 핵심 가치를 강조할 만한 것으로 네 가지를 선택했다. 그것은 성실성, 신뢰성, 기쁨 그리고 섬김의 정신이다.

성실(Integrity): 우리가 하는 모든 일에 진실이 깃들기 원한다.

잘 알려진 경영 전문가 제임스 쿠제스(James Kouzes)와 배리 포스너(Barry Posner)는 「리더십 챌린지」(The Leadership Challenge)의 저자들이다. 그들이 좋은 리더의 가장 바람직한 자질이 무엇인지 밝혀내고자 수천 명의 사람들을 대상으로 실시했던 전 세계적인 설문 조사는 종종 인용되는데, 성실이 최고 순위였고, 꽤 거리를 두고 능력이 그 다음을 차지했다.

대대적으로 보도되었던 엔론, 월드컴, 마샤 스튜어트(Martha Stewart)의 몰락에 대해 길에서 아무나 붙들고 물어보면, 십중팔구 이런 기업체에 있는 사람들이 얼마나 정직하지 못한가에 대한 얘기를 듣게 될 것이다. 흥미롭게도 십계명(출 20:15-17) 중 세 계명이 직접적으로 정직과 연관된다.

8계명: "도적질하지 말찌니라"(15절).
9계명: "네 이웃에 대하여 거짓 증거하지 말찌니라"(16절).

10계명: "네 이웃의 집을 탐내지 말라 네 이웃의 아내나 그의 남종이나 그의 여종이나 그의 소나 그의 나귀나 무릇 네 이웃의 소유를 탐내지 말찌니라"(17절).

내가 정직을 말할 때는 그 단어의 대중적이고 전통적인 의미 둘 다를 의미한다. 대중적인 관례는 성실(Integrity)과 정직(Honesty)을 동의어로 간주하며, 따라서 이 단어에 대한 주된 관점은 '진실함'이 된다. 분명 가정에서나 직장에서 우리의 삶에 진실이 부족하다는 데는 변명할 여지가 없다.

하지만 전통적인 성실(Integrity)의 정의는 라틴어에서 파생되며 전체성이나 완전성을 뜻한다. 이 라틴어 어원에서 우리는 정수(Integer)와 통합(Integration) 같은 단어를 얻는다. 이는 응집성과 통일성, 결합을 말한다.

나도 많은 사람들이 생각하듯이 성실이 외면적인 삶의 특질이면서 실제로는 내적인 것으로 생각하고 싶다. 성실은 당신의 삶의 모든 측면을 하나의 응집된 생활방식으로 통합한다. 성실이 있으면, 우리는 예배 시간에서처럼 직장에서도 동일하게 행하며, 또는 집에서와 마찬가지로 휴가 때도 똑같이 행동한다.

많은 사회에서 눈에 띄는 문제는 직장과 가정에서 다른 규칙이 자리 잡는 것이다. 자녀들에게 절대로 거짓말을 허용하지 않는 여성이 직장에서는 판매를 위해 거짓말을 한다. 아내는 절대로 속이지 않는 남자가 그의 수입세를 보고할 때는 정기적으로 속인다. 그리스도를 믿는다고 고백하는 교인이 CD를 굽거나 MP3 파일을 복사해서 친구들에게 소프트웨어와 음악을 전송하면서 자신이 저작권법을 어기고 있다는 생각은 전혀 하지 않는다.

성실하다는 것은 한 회사가 일반 대중에게 전하는 메시지와 직원들에게 전하는 메시지가 동일하다는 것이다. 회사에서는 직원들이 처음 고용될 때 약속했던 사항을 이행할 필요가 있다. 봉급 인상이나 약속했던 다른 상여금 지급 등이 어쩐 일인지 한 번도 이행되지 않아 환멸을 느껴 본 적이 있는가? 그 이유에 대한 설명에 경기 하락이나 회사 구조조정 같은 그럴싸한 변명이 포함되어 있는가?

성실(전체성)의 결핍은 또한 우리 삶의 구획화를 증진시킨다. 다시 말해서, 우리의 행동을 세속적인 영역과 영적인 영역으로 분리한다. 세속적 생활을 위한 규칙과 영적 생활을 위한 규칙을 다르게 적용한다면, 이는 성실치 못함을 드러내는 것이다. 왜 그런가? 성실한 사람은 자신의 가치들을 전체적인 방식에 통합시키기 때문이다.

당신이 성실을 생각할 때, 기준에 따라 살아가는 사람을 떠올리는가? 내 경우는 그렇다. 그리고 다른 사람들이 나를 생각할 때 그렇게 생각해 주었으면 한다. 물론 진실은 성실의 일부분이지만, 약속에 따라 살아가는 것도 그에 해당된다.

신뢰: 당신은 나를 의지할 수 있다.

이 특질은 성실과 밀접하게 연관돼 있다. 믿음직한 사람은 신뢰할 만하다. 이런 사람은 비밀 정보를 지키고 늘 의지할 수 있으며, 아무리 시간이 오래 걸리고 아무리 많은 일이 요구된다고 해도 그 일을 끝낼 거라는 확신을 다른 사람에게 준다.

내가 어릴 때 하던 게임이 기억난다. 아버지는 내 뒤에 서서 이렇게 말하곤 하셨다. "뒤로 떨어지면 내가 받아 줄게." 그리고 정말 아버지는 그렇게 하셨다. 아버지는 그렇게 해서 내게 1) 아버지를 믿는 것과 2) 신뢰의 두 가지를 가르쳐 주셨다. 이를 통해 나는 아버지가 약속을 지키리라 신뢰할 수 있었다. 나는 아버지가 집이든, 직장에서든, 그의 삶의 어떤 부분에서든 늘 자신의 약속을 지키는 사람으로 알았다. 한때 이 게임이 나쁘게 변질되어 잔혹한 아버지가 그의 자녀를 땅에 떨어지게 만드는 것을 본 적이 있다. 그는 비웃으며 이렇게 말했다. "세상에 믿을 놈은 하나도 없단다."

믿을 수 없는 사람들이 있는 것도 사실이지만, 나는 다른 사람에 대해서 좋은 얘기를 하고 싶다. 나는 믿을 수 있는 사람들과의 관계를 발전시키려 노력한다. 나는 종종 다른 사람을 믿을 수 없다면, 여러 가지 법적 문서로 자신을 확실히 보호하라는 얘기를 들어 왔다. 하지만 내가 발견한 사실은, 누군가를 신뢰할 수 없다면 시간당 500달러를 받는 변호사를 고용해도 그 결과를 바꿀 수는 없다는 사실이다.

나는 변화는 내부에서 시작되어야 하며, 나아가 외적 행동으로 입증된다고 믿는다. 무수한 규칙과 법률, 구속은 행동을 바꾸는 데 거의 소용이 없다. 결국 십계명으로 모든 사람이 하나님의 법을 순종하게끔 설득되었다면, 예수님이 이 땅에 오실 필요는 없었을 것이다.

모든 규칙을 지킨다고 자랑하는 사람들은 보통 아무도 없는 곳에서 위반하는 것이 많은 법이다. 신뢰감이 드는 조용한 사람으로 항상 의지할 수 있는 사람이 되는 것이 더 낫다. 신뢰성은 그리스도인 사업 지도자들이 지니는 특질이 되어야 한다. 스스로 믿을 만한 사람임을 보여 준다면 미래를 바꿀 수 있다. 이 부분에서 실패했다 해도, 새로운 습관을 들이기에 지금이 너무 늦은 것은 아니다.

기쁨: 일하면서 즐기자.

우리는 일이 즐거운 것이어야 한다고 믿기에 우리 회사의 핵심 가치 중 하나를 기쁨으로 정했다. 투표를 여러 번 해 보니 작업 환경에 대해 직원들이 상당한 불만을 드러내기에 우리는 일터에 기쁨을 회복시키는 데 도움이 되는 환경으로 변화시키려 했다. 느헤미야 8장 10절은 이렇게 가르친다. "여호와를 기뻐하는 것이 너희의 힘이니라." 사실 성경에서 기쁨에 대한 참고 구절은 180개 이상이 된다.

당신은 기쁨으로 가득 찬 일터를 상상할 수 있는가? 모든 사람이 즐거우면 스트레스가 줄고 생산성이 높아지며 홀에 웃음소리가 울려 퍼진다. 내 마음에는 기쁨이 돈을 버는 즐거움보다 더 많은 것을 나타낸다. 이곳에서는 목적과 방향, 운명이 일의 일부다.

우리의 새 동료 중 한 사람은 "나의 정체성과 내가 창조된 목적의 일부가 이것임을 깨닫기 때문에" 나와 일하는 것이 재미있다고 말했다.

당신이 하나님이 뜻하신 대로 자신의 재능을 사용하고 그분이 당신을 만드신 목적을 이룰 때, 당신은 기쁨을 발견할 것이다. 삶 속에 주님의 기쁨을 지닌다면, 하나님 나라의 영향력을 훨씬 크게 끼칠 수 있다. 동료, 상사, 배급업자, 고객, 다른 친구들이 그 대상이 된다.

세상에 대해 화가 난 그리스도인이 일터로 걸어간다고 상상해 보라. 문을 확 열고 차바퀴를 걷어차거나 "좋은 아침이에요" 하는 동료의 인사에 "뭐가 좋다는 거야?" 하며 싸울 듯이 반응할지도 모른다. 사무실로 걸어 들어가서 앉은 후에 이 불평에 찬 직원은 "자 주님, 오늘 저를 사용하십시오" 하고 말한다. 이래가지고선 영향을 미칠 수가 없다. 적어도 하나님의 나라에서는 아니다.

이제 주님의 기쁨으로 충만한 다른 직장인을 상상해 보라. 그녀는 힘차고 밝게 찬양을 들으며 출근한다. 그리고 경쾌한 발걸음으로 회사에 들어서며 큰소리로 외친다. "여러분, 안녕하세요. 정말 화창한 날이에요. 그래서 행복하고요. 활발히 움직일 만한 너무 멋진 날이에요. 오늘 어떤 일들이 일어날지 설레고 기뻐요." 그녀가 책상에 앉으면서 "주님, 이제 저를 사용해 주세요"라고 기도하면, 반드시 뭔가 일어날 것이다.

인터넷 사전인 브레이니사전(BrainyDictionary.com)에서는 기쁨(Joy)

을 이렇게 정의한다. "선을 얻거나 기대함으로써 흥분되는 열정이나 감정, 또 성공, 큰 재산같이 우리가 좋아하거나 바라는 것을 소유하려는 합리적인 기대로 인한 즐거운 느낌이나 감정, 기쁨, 정신적 환희, 즐거움." 당신은 기쁜 사람을 떠올릴 수 있는가? 당신 자신이 그런 사람이 되어 주님께서 더하시는 능력을 목격하면 어떨까?

섬김의 정신: 우리는 섬기는 지도자가 되기를 강조한다.

나는 '섬기는 지도자' 라는 용어를 1979년 우리 교회에 다니던 한 사업가로부터 들었다. 그때도 이 말을 좋아했지만 지금은 이 말이 더 좋아졌다. 물론 이 개념은 새로운 것이 아니다. 거의 2천 년 전에 예수님은 "너희 중에 누구든지 크고자 하는 자는 너희를 섬기는 자가 되고"(막 10:43)라는 충고를 하셨다.

요즘 들어서 섬김의 리더십이라는 주제를 얘기하는 경영과 리더십에 관한 책들이 대거 출현했다. 눈에 띄는 책 하나는 로버트 그린리프(Robert K. Greenleaf)가 쓴 「리더는 머슴이다」(Servant Leadership)이다.[2] 1977년에 처음 출판된 후 25년간 재발행 된 이 예언적 에세이에서 그린리프는 섬김의 리더십을 실제적 철학으로 정의한다. 그의 관점으로 보면 이 리더십은 전통적이고 독재적인 의사결정을 전체론적이고 윤리적인 방법으로 대체한다.

대단한 영향력을 지닌 이 책은 전 세계 최첨단 경영 팀들에게 환영받아 왔다. VISA의 최고 경영자 디 혹(Dee Hock)이 '거대한 제도적 실패의 시기' 라고 명명한 현 시대의 윤리적 곤경 속에서 그

어느 때보다 주류 사업계는 그린리프의 독창적인 사고와 행동을 필요로 한다. 섬김의 리더십은 리더들이 자신의 진정한 능력과 도덕적 권세를 발견하도록 돕는다.

그린리프가 도입한 원리에 기초해서 컨설턴트 켄 블랜차드(Ken Blanchard)는 「섬기는 리더 예수」(Servant Leadership)를 저술했다.³⁾ 베스트셀러 「1분 경영」(The One-Minute Manager)의 공저자이기도 한 켄 블랜차드와 「섬기는 리더 예수」의 공저자 필 하지스(Phil Hodges)는 예수 그리스도를 본으로 삼아 섬기는 리더의 의미를 밝혀낸다.⁴⁾ 블랜차드는 자신의 유명한 '예수처럼 인도하라'(Lead Like Jesus) 세미나에서 말한다. "우리는 섬깁니다. 예수께서 명령하신 것이 바로 이것입니다. 이것은 분명한 사실입니다. 위대한 지도자들의 비밀은 그들이 섬기는 사람들이었다는 것입니다.⁵⁾

이런 가르침 덕분에 사업 지도자들은 단순히 개인들을 모아놓은 것보다 팀이 훨씬 능력을 발휘한다는 것과 사람들을 귀중한 자산으로 인정해야 함을 깨닫는다. 블랜차드는 911 테러의 여파로 그의 회사가 손실을 입어 휘청거릴 때 이런 윤리 기준을 여실히 보여 주었다. 임원들을 비난하는 판에 박힌 반응 대신 그는 모든 사람들에게 상황을 공개해서 비용 절감 아이디어를 공모했다. 그들은 다시 회복세로 올라섰을 뿐 아니라 2004년 10월 중순에는 그해의 재정 목표를 달성했다. 그리고 회사는 직원들에게 겨울철 하와이 여행으로 보답했다.

"그들 중에는 한 번도 비행기를 타 보지 못한 사람도 있었습니다." 블랜차드는 켄터키 루이빌에서 열린 세미나의 청중들에게 말했다. "그들은 온통 열정을 쏟아 부었지요."[6]

섬기는 리더는 다른 사람이 성공하도록 돕고자 하는 사람이다. 다른 이를 우선시하는 사람, 자기에 대해 얘기하거나 자신을 발전시키는 데 터무니없이 많은 시간을 보내지 않는 사람을 생각해 보라. 성경에서 대략 윤곽이 잡힌 원리들에 따르면, 이것은 진정한 리더십의 표징이다. 동기부여 강사 지그 지글러(Zig Ziglar)는 이런 유명한 말을 했다. "정상에서 만납시다." 이 말을 좀 바꾸어서 말해 볼까. "정상까지 섬기면서 갑시다."

다른 핵심 가치들

우리 회사는 지침이 되는 원리로 성실, 신뢰, 기쁨, 섬김의 정신을 선택했지만, 당신의 사업에 대한 비전을 설정하는 다른 가치들도 많다. 그 가운데는 다음과 같은 것들이 있다.

정의

이 단어는 주로 하나님과 그분에 대한 우리의 반응과 관련이 있는 까닭에 기독교와 연관된다. 그렇긴 하지만, 정의는 단지 옳은 일을 행함을 뜻한다. 어떤 사람이 정의를 표현할 때는 십중팔구 옳은 일을 행하는 것이라고 생각한다. 때로 이것은 회사에서 정해진 예상 작업 기준에 포함되지 않을 것이다. 내가 '기준 바깥'에 대해 말할 때, 규칙을 깬다는 것을 뜻하지는 않는다. 오히려 최소한을 넘어서 행한다는 뜻이다. 예수께서 마태복음 5장 41

절에서 권면하셨듯이 길을 더 가 주는 것을 뜻한다.

예전에 누구보다 오래 우리 회사에 재직했던 직원이 있었다. 훌륭한 직원이었지만, 그녀의 건강은 점점 악화되어 어쩔 수 없이 병가가 계속 연장되었다. 그녀가 휴가와 유급 휴가, 그리고 내가 그녀를 위해 구실을 댈 수 있는 다른 모든 휴가 시간을 다 쓰고 나서, 나는 그녀에게 말했다. "그냥 건강이 회복될 때까지 천천히 쉬어요. 당신이 준비가 되면 당신 자리는 언제나 여기 마련될 겁니다."

아이러니하게도 그녀는 돈이 필요한 것이 아니라 일이 필요했다. 나는 그녀에게 살아갈 희망과 이유를 준 셈이었다. 그녀가 회복되려고 애쓸 때, 나는 그녀에게 자기 시간을 정해서 일할 계획을 세울 수 있다고 말한 것이다. 이 경우에는 그것이 옳은 일이었다. 마음에 정의를 품은 상관은 누군가를 뜯어 맞추기 위해 규칙을 찾아다니지는 않을 것이다. 마찬가지로 옳은 일을 하는 직원은 단지 자신의 직무 내용 설명서에 쓰인 만큼만 일하는 것에 만족하지는 않을 것이다.

나눔

우리 아버지가 내가 어릴 때 아버지를 믿으라고 가르치셨던 것처럼 부모들은 유아기의 자녀들에게 나누는 습관을 가르치려 노력한다. 우리는 장난감이든 사탕이든 아이들이 뭔가를 나누도록 자극하고 보상도 한다. 이제 하나님 나라를 위해 영향력 있는 삶을 구축할 책임을 진 어른들로서, 여전히 나눔은 훌륭한 행동이다.

성경은 여러 가지 방식으로 나눔을 이야기한다. 그중 하나는 자원을 나누는 것이다. 다양한 팀원들과 많은 사람이 협조해서 창출하는 이익, 작업량, 특히 재미있고 만족스러운 부분이 포함되는 일에서는 공로를 나눠야 할 필요도 있다.

공정 또는 공평

데니스 배크(Dennis Bakke)는 자신의 신간 「직장에서의 기쁨」(Joy at Work)에서 그가 설립한 회사의 공동 가치 중 하나는 공평이라고 말한다. 그는 이렇게 말한다.

> '공평'이라는 문제에서 나는 우리가 가치는 옳게 선택했지만, 단어 선택이 잘못되었다고 생각한다. 나는 강의 시간에 다음과 같이 문장을 완성하라는 과제를 내곤 한다. '공평이란 모든 사람을 _____ 대하는 것이다.' 내가 물어보는 사람들의 95 퍼센트는 "똑같이"라고 대답한다. 그러면 나는 보통 이렇게 답한다. "사실 제 생각은 그 반대입니다." '공정'이라는 말은 AES(그가 후에 은퇴했던 다국적 에너지 회사)에서 직접 정한 기준이다. 나는 공정에 대한 유대인들의 전통적 정의를 좋아한다. "각 사람에게 자신의 공적에 따른 대가를, 각 사람에게 어울리는 것을." 이 정의를 모든 사람이 유일무이하다는 가정과 결합해서, 나는 이 문제를 논리적으로 이렇게 완성한다. "공평, 즉 공정은 모든 사람을 달리 대하는 것이다."[7]

모든 사람이 이런 말을 들어 본 적이 있을 것이다. "아무도 여기에서 특별 대접을 받지 않는다." 나는 이 말을 이렇게 바꾸자고 제안한다. "여기에서는 모든 사람이 특별 대접을 받는다."

다른 바람직한 가치에는 다음과 같은 것들이 있다.

자제

방종의 가능성이 있는 모든 영역에는 자제가 있어야 한다. 예를 들어, 우리가 적절히 먹고 운동함으로써 우리 몸을 돌보지 않는다면, 이는 사업과 영적 문제에서 악마가 우리의 생산성을 방해하도록 문을 활짝 열어놓는 것이다. 고객이 우리가 한 노력을 알아차리거나 고마워하지 않는다 해도 쉬운 길을 택하려는 유혹과 싸우거나 안일한 방법을 거부하는 등, 자제는 다른 영역들로 뻗어 나갈 수 있다.

인내

내가 아는 많은 사람들은 즉각적인 결과를 기대한다. 뭔가 유익한 일이 즉시 일어나지 않으면 그들은 그만두고 만다. 나는 아주 대단히 가슴 벅찬 예언적 말씀을 들은 경우에도 이런 모습을 목격한 적이 있다. 한 주나 한 달 뒤에 아무것도 변하는 게 없자 그 사람은 받은 메시지를 잊고 다른 대답을 찾기 시작했다. 나는 반짝이는 사업 아이디어가 하룻밤 사이에 성공을 가져다줄 수 없다는 이유로 폐기처분되는 것을 보아 왔다. 인내는 성령의 열매의 표현임을 기억하라(갈 5:22-23).

겸손

섬김의 정신과 더불어 겸손은 위대함을 달성하는 성경적 방법이다. 베드로전서 5장 5절에서는 "하나님이 교만한 자를 대적하시되 겸손한 자들에게는 은혜를 주시느니라"라고 말씀한다. 과거에 마치 뭐든지 다 아는 것처럼 굴면서 당신을 종 부리듯 얕잡아 보는 상관에게 당신이 어떤 반응을 보였는지 생각해 보라. 당신의 평가를 묻고, 의견을 존중하며, 당신이 회사에 끼친 공헌을 칭찬하는 상관과 비교해서 말이다.

충성

일터 상황에서 이는 주님께서 우리를 불러 완성케 하신 직무에 대한 충성 외에도 약속하신 것을 성취하시는 하나님에 대한 신뢰를 말한다. 이는 사랑과 감사, 존경의 유대로 연결된 사람들에 대한 우리의 지속적인 충성을 가리킨다. 남편이 아내에게 충실하고, 아내가 남편에게 그렇듯이, 우리 모두 일터에서 우리의 삶을 향한 하나님의 부르심에 충실해야 한다.

효율

사업 지도자로 사역하던 초기에 나는 외적 효과를 위해 기도했지만 거의 나타나지 않았다. 내가 목회자로 경험을 쌓았던 시절을 기준으로 생각하면, 그때는 눈물이나 웃음, 미소, 혹은 그냥 어깨를 으쓱하는 정도라도 뭔가 반응을 받는 데 익숙했던 것 같다. 하지만 이제는 그 어떤 반응도 얻지 못하고 있는데, 이는 마치 플라스틱 버터나이프로 돌을 조각하려고 시도하는 느낌이었다.

마침내 나는 주님께 이 사실을 여쭤 보았다. 그분은 이런 대답을 하셨다. "이것은 사업적 효율성의 기름부음이란다." 나는 이 말을 내가 기존의 정서적인 반응으로 효과를 측정하는 것을 그만 둬야 한다는 뜻으로 해석했다. 사업가들은 실제적이다. 그들은 행동으로 해결책을 발견할 태세가 되어 있다. 그들이 하나님 지시에 응답할 때, 그분은 그들이 그 응답을 이행하도록 도우신다. 나는 주님께서 우리가 더 힘들이지 않고 민첩하게 일하도록 해주셔서 더욱 효율성을 발휘하도록 도우시리라 믿는다. 하나님의 은혜로 시간은 반밖에 걸리지 않으면서 일은 두 배로 달성할 그날이 꼭 오리라 믿는다.

양선

또 다른 성령의 열매인 양선은 친절, 미덕, 탁월, 인격, 베풂, 보살핌, 품행 등 다양한 의미에서 모두 선한 특질을 나타낸다. 이기적이고 인색한 사업 경영자들이 눈에 띌 수밖에 없듯이 양선은 공동체 내에서 드러나게 되어 있다.

어떤 교회 집사에 대한 얘기를 들은 적이 있다. 비록 사회적 지위나 부 덕분에 교회에서 존경받는 자리를 얻긴 했지만, 당장 돈되는 일이 있다면 그걸 얻기 위해 수단과 방법을 가리지 않는 사람으로, 마을에서는 암암리에 알아주는 도둑놈 심보로 통했다. 교회에서의 그의 위치를 언급하면서, 교회에 다니지 않는 어떤 사람이 이렇게 말했다. "저런 사람을 지도자로 섬겨야 한다면, 여기 올 생각이 전혀 없어요."

책임감

이것은 신뢰와 믿음을 말하는 또 다른 방식이다. 책임감 있는 사람은 누가 전화하면 금세 응답하거나 자신이 통화 중일 때도 응답 전화를 해 주는, 매사에 반응을 잘하는 사람이다. 그는 재정, 경영, 시간, 또 다른 사업의 측면을 망라하는 모든 영역에서 책임감을 나타내 보일 것이다. 책임감에는 주주들이나 이사회, 또는 직원들에게 답변해야 하는 사람으로서 관계자의 입장에서 지녀야 할 책임의 정도가 포함된다.

청지기 정신

이 가치는 대개 목록의 상위 네 가지 덕목에 들어갈 만한 것이다. 우리는 하나님께서 우리에게 관리하도록 맡기신 모든 것의 선한 청지기가 되어야 한다. 예수님은 제자들에게 불의한 청지기의 비유를 말씀하신 후에 이렇게 말씀하셨다. "지극히 작은 것에 충성된 자는 큰 것에도 충성되고 지극히 작은 것에 불의한 자는 큰 것에도 불의하니라"(눅 16:10).

인내

몇 년 전에 나는 매우 작은 불도그(Bulldog)가 사는 집을 규칙적으로 지나가는 두 마리의 큰 개에 대한 얘기를 들었다. 매일 그 개들이 집 앞을 지나갈 때마다 불도그는 그들에게 도전장을 내밀며 모습을 드러냈다. 두 마리 개가 몸집도 크고 숫자도 2대 1로 많았으므로 항상 이기는 건 큰 개들 쪽이었다. 그럼에도 그 작은 불도그는 늘 그 시간만 되면 나타났다. 마침내 그 큰 개들은 더 이상 그 집 앞을 지나다니려 하지 않았다. 그 불도그 옆에만 가면 그 큰 개들은 낑낑거리고 울면서 집으로 달려갔다. 그 작은 불도 그가 인내로 승리한 것이다. 마찬가지로 해야 할 업무가 너무 커 보일 때가 있겠지만, 불도그의 끈기로 달려든다면 우리는 승리하게 될 것이다.

결론

나는 우리가 사업 지도자로서 나타내야 할 핵심 가치와 윤리, 인격에 대한 논의에 상당한 지면을 할애했다. 의도적으로 그렇게 한 것이다. 도덕성 부재로 파산하거나 망신당하는 회사들이 최근 얼마나 넘쳐나는가.

모든 사업 지도자들이 공통으로 지니는 특성이 하나 있다. 그들은 대단히 똑똑한 사람들이다. 많은 이들이 자신의 사업의 실제를 앞다투어 열심히 배웠다. 그들은 이 땅에 사는 대부분의 사람들이 이제껏 꿈꾸어 온 것보다 훨씬 많은 돈을 가졌다. 그들에게는 대단한 전문지식과 고도로 훈련되고 자격을 갖춘 간부들이 있다. 그럼에도 여전히 엔론을 비롯한 많은 회사들이 높이 솟은 횃대에서 추락했다.

왜인가? 그들은 자신들에게 동기를 부여하고, 길을 놓치지 않으며, 자신들이 방종에 빠지지 않았는지 몇 번이고 재차 확인해 줄 핵심 가치가 없기 때문이었다. 그들은 자아 대신 다른 사람을 섬기는 사랑이라는 우선적인 핵심 가치를 상실했다. "내가 사람의 방언과 천사의 말을 할찌라도 사랑이 없으면 소리나는 구리와

울리는 꽹과리가 되고"(고전 13:1)라고 사도 바울이 기록한 것처럼.

　사우스다코타 주의 톰 대슐(Tom Daschle) 의원은 2004년 말 재선 공천을 받지 못한 뒤 의원직에서 은퇴했다. 떠나기 직전에 그는 이름을 밝히지 않은 한 동료가 그에게 작별인사를 하며 "당신을 사랑합니다"라고 말했던 감동적인 경험을 말해 주었다. 비록 그 말은 그의 패배를 환영했던 보수적인 정치 논평가들로부터 냉소를 자아냈지만, 그런 편견 때문에 그들은 대슐이 표현했던 감정의 진실을 보지 못했다. 일터에는 사랑이 더욱 필요하다. 이 사랑을 전하는 것은 바로 하나님의 사람들에게 달려 있다.

Chapter 13
A Word for Pastors

13장

목사들에게 전하는 말

> "그가 혹은 사도로, 혹은 선지자로, 혹은 복음 전하는 자로,
> 혹은 목사와 교사로 주셨으니 이는 성도를 온전케 하며
> 봉사의 일을 하게 하며 그리스도의 몸을 세우려 하심이라"(엡 4:11-12).

중동에서 온 한 사업 실무자[그를 드와이트(Dwight)라고 부르겠다]가 일터 사역에 대한 내 세미나가 막 시작되려는 순간에 그 회의실로 들어왔다. 그는 크리스마스 아침을 맞은 어린아이 같아 보였다.

"무슨 일이 일어났는지 상상도 못할 겁니다!" 그는 이렇게 말하며 미소 지었다. "이런 일은 본 적이 없어요. 정말 근사했다고요."

"무슨 일인데요?" 사람들이 이구동성으로 입을 열었다. "무슨 일 생겼어요?"

사실인즉, 지난 주일 아침, 드와이트가 다니는 교회의 목사가 한 부부를 불러 기도를 받도록 앞에 나오게 했다. 그런 일은 정기적으로 있는 일이지만, 보통은 그 대상자가 해외 선교사로 나라

를 떠나는 사람이나 목회자가 되기 위해 신학대학원에 입학할 예정인 젊은 학생이다.

"하지만 이번엔 달랐어요" 하고 드와이트가 말했다. "이 부부는 아무 데도 가지 않았어요. 자기 직업을 그만두고 교회 사역을 할 계획도 아니었고요. 이번엔 완전히 그 반대였다고요. 그 사람들은 새로 사업을 시작할 예정인데 목사님은 주님께서 이들의 사업에 사역의 기회를 주시도록 축복하는 기도를 하고 싶어 하셨어요."

"우리 교회에서 이런 일이 생긴 건 처음이에요." 그는 흥분을 가라앉히려 애쓰면서 말을 이었다. "하지만 분명 이게 마지막은 아닐 겁니다. 사업하는 제 친구들은 전부 신이 났어요. 일터 사역이 주일 아침 예배에 입성했으니까요. 다들 거의 믿을 수 없어 하는 눈치예요. 드디어 일터 사역자가 하는 일이 교회 건물 안에서 일어나는 일만큼 하나님께 가치 있는 일이란 걸 목사님도 인정하셨잖아요."

흐뭇한 미소가 많은 청중들의 얼굴에 퍼져 나갔다. 몇 사람은 휘파람을 불거나 동시에 박수를 치기도 했다. 그런데 갑자기 드와이트가 웃음을 터뜨렸다. "사실 농담이에요. 하지만 그런 일이 정말 일어나면 얼마나 근사하겠어요?" 나중에 그는 내게 이렇게 털어놓았다. "그런 일은 우리 교회에서는 절대로 일어나지 않을 겁니다. 이건 그냥 제 꿈일 뿐이에요."

목사들이여, 당신들에게 묻고 싶은 질문은 이것이다. 얼마나 많은 사업 지도자들이 이런 꿈을 품고 있는가? 드와이트가 설명했던 가공의 장면이 여러분의 교회에서 일어날 수 있는 일인가? 그렇지 않다면, 이를 현실화시키기 위해서는 어떤 단계를 밟아야 하는지 곰곰이 생각해 볼 필요가 있다. 기성 교회를 떠나고 있는 불행한 사업가 무리의 흐름을 막으려면 뭔가 일어나야 한다. 자신이 일터에서 하나님을 섬기도록 부름받았다는 것을 아는 많은 사업 지도자들이 지역 교회에서 점점 소외감을 느끼고 있다.

인생의 이 단계에 이른 나는 전례 없이 독특한 위치에서 이 말을 하고 있다. 나는 40년 동안 목사로 섬겼는데 그중 앞선 35년은 핵심 교회 상황에서 봉사했다. 이제 나는 1년에 40여 군데의 다른 회중들을 방문하고, 수십 명의 목사들을 만나는 것이 일상이 되었다. 또 내가 강의하는 세미나와 컨퍼런스를 통해 나는 많은 그리스도인 사업 지도자들과 만날 기회가 생겼다.

이런 복합적인 청중들은 내게 폭넓은 시각을 제공한다. 기성 교회의 목사들은 나를 목사라기보다는 일터 사역자로 더 많이 인식한다. 사업 지도자들은 보통 나를 목사지만 일상의 사업 세계에 관해서 그들의 배경을 이해하는 사람으로 여긴다. 그들은 나를 신뢰하기 때문에 양쪽 영역의 사람들은 교회와 사업의 경계선에 대한 자신의 느낌을 자유롭고 솔직하게 나눈다.

나는 목사들로부터 그들 교회의 사업 지도자들이 지역 교회 내에서 진행되는 사역의 기회에 별로 관여하지 않는다는 하소연을 이구동성으로 듣는다. 한편, 나와 대화하는 사업 지도자들은 그들의 목사가 일터에서 진행 중인 사역의 기회를 이해하거나 격려하지 않는다는 좌절감을 털어놓는다.

양편에 더 많은 다리를 놓아야 할 긴급한 필요가 있다. 목사들은 지역 회중의 범위 바깥에서 일어나는 사역에 대한 '경고신호'에 위협을 느낀다. 또 그들은 사업가들의 십일조가 다른 데로 가거나 유력한 간부들이 자신들이 교회를 대신할 '사역에 임하고 있음'을 깨닫고 이를 이용하지 않을까 하는 다른 두려움을 갖고 있다. 한편으로, 사업에 종사하는 이들은 그들이 일터에서 하나님의 부르심을 좇는 과정에서 실제적인 훈련과 권면을 얻기를 갈망한다.

당연히 양쪽 진영에는 여러 가지 불확실성과 함께 배후에 숨은 지배의 문제가 있다. 그러므로 그 간격은 계속해서 벌어진다. 핵심 교회와 확산된 교회에 대해 깊이 염려하는 사람으로서, 이 불화는 내게 영향을 미친다. 모든 여타 측면에서도 오직 그리스도의 한 몸으로 조화를 이루며 활동해 나가야지, 두 집단으로 갈라져서는 안 된다. 이런 문제를 초월해서 사업 지도자들이 목사들에게 제안할 것이 많은 것처럼, 목사들도 사업 지도자들에게 할 얘기가 많다. 이런 살벌한 관계는 세상으로 크게 전진해 나아가야 할 시점에 있는 교회를 무능하게 만든다.

이런 시나리오에 몇 가지 예외가 있다는 것이 다행으로 여겨진다. 나는 사업에 종사하는 사람들에게 손길을 내미는 그런 교회의 교인이 된 것을 행복하게 여긴다. 우리 교회[캘리포니아 주 샌어제이에 있는 주빌리 크리스천 센터(Jubilee Christian Center)] 목사인 딕 버널(Dick Bernal) 목사는 일터 사역을 위한 사역 지도자들을 파송하고 훈련시켰다. 그는 자신이 목회하고 돌보는 사람들을 위해 정기적으로 준비 모임을 개최한다. 최근 우리가 강연을 할 때, 그는 자신이 지금 왕들을 돌보고 목양하는 다른 목회자들에게 이 사실을 알리는 책을 쓰는 중이라고 했다.

나는 "주님을 찬양하라"는 말로 답했다. "우리에게 필요한 게 바로 이거예요."

출애굽

불행히도 사업가들의 재능을 활용하는 예외를 몇 가지 제외하면 전통적인 핵심 교회는 지금 거대한 집단 이동을 목격한다. 한 주가 멀다 하고 '상황을 깨닫고' 자신의 교회를 떠나는 사업 지도자를 만나거나 그에 대한 얘기가 들려 온다. 좋은 소식은 그들이 그리스도를 믿는 믿음이나 사역에 참여하겠다는 결심에서 벗어나거나, 전체 교회에서 이탈하지는 않는다는 것이다. 그렇지만 그들은 더 이상 지역 교회에 참석하지 않으며 다른 대안을 찾지도 않는다.

목사들은 이 점을 파악해야 한다. 누군가 "당신이 변하지 않으면, 난 떠날 겁니다"라고 말한다고 해서, 그것이 협박을 뜻하지는 않는다는 사실이다. 오히려 이것은 경고이며 청원이다. 사업가들은 당신 자신이 교육을 받아 주님께서 당신의 통제 아래 두신 강력한 사역 도구를 온전케 하고 훈련시킬 수 있게 되기를 간청하는 것이다.

당신이 "내가 취해야 할 조치는 뭐지?"라는 질문을 스스로 하고 있다면, 내 제안이 유용하게 쓰였으면 한다. 하나님이 먼저 일터에서 그분의 일을 수행하는 데 왕들(사업가들)과 제사장들(목사들) 둘 다 필요하다는 사실에 대해 그분의 말씀을 내게 '전송' 하시면서, 일터 사역자들이란 그들의 영향력의 범위 안에서 힘을 발휘하는 사람으로 규정하셨다. 내가 1999년에 이 여정을 시작했을 때, 나는 아는 것이 거의 없었다. 내가 이 분야에 대해 아이디어와 개념을 배우고 변화시킨 만큼 당신도 그렇게 할 수 있다는 걸 깨닫게 되길 바란다.

나는 새로운 계획을 채택하는 데 세 단계 과정이 있다고 본다.

1. 사회 변화를 위한 시각을 지녀라.

전직 목사로서 나는 기존의 방식으로 교육받은 목사들은 도시와 국가 범위의 변화보다는 핵심 교회의 성장을 강조한다는 사실을 소상히 알고 있다. 당신의 주된 목표와 사역의 강조점이 지역 회중을 형성하는 데 있는 한, 일터 사역자의 훈련에는 결코 초점을 맞추지 않을 것이다. 현 상황을 앞서 가는 첫 단계는 당신의 시각을 교회 성장에서 도시의 변화로 옮기는 것이다. 주변 사회가 걱정스러울 만큼 썩어 가고 있는데 교회만 번창하면 무슨 소용이란 말인가?

2. 자신을 교육하고 훈련시켜라.

나는 이전과 다른 사고방식으로 성경을 연구하며, 다른 렌즈를 끼고 성경을 읽기 시작했다. 일터에 관한 메시지를 찾기 시작하면서 나는 성경 곳곳에서 이를 발견했다. 그러면서 지난 35년간 전혀 눈에 띄지 않았던 것들을 보게 되었다. 이제 그 말씀들은 거의 모든 페이지, 모든 문맥 속에 존재한다.

예를 들어, 세 복음서에 등장하는 젊은 부자 관원 이야기는 교회에 다니는 많은 사람들에게 익숙하다. 나는 그 구절로 설교도 자주 했고 다른 목사들이 여기에 대해 설명한 것도 들었다. 다시 설명하자면, 부자 관원은 예수께 어떻게 영생을 확실히 얻을 수 있는지를 물어본다. 예수께서 일련의 계명을 나열하자, 그는 당연히 이렇게 대답한다. "내가 어려서부터 다 지키었나이다."

이 시점에서 예수님은 결정적인 문제를 말씀하신다. "네가 오히려 한 가지 부족한 것이 있으니 네게 있는 것을 다 팔아 가난한 자들을 나눠 주라 그리하면 하늘에서 보화가 네게 있으리라 그리고 와서 나를 좇으라"(눅 18:22). 대부분의 설교가들이 덧붙인 주석은 이렇다. "이 남자의 돈이 그를 천국에서 멀어지게 한 것은 분명하다. 그는 돈을 다 나눠 주어야 했지만, 그것이 그에게는 너무 중요한 것이어서 그럴 수가 없었으므로 근심하는 빛을 띠고 떠나갔다." 이전에 나는 어떤 목사가 이렇게 말하는 것을 들었다. "이 사람은 하나님으로부터 멀어지게 만드는 그의 직업을 떠나 사역을 시작했어야 합니다."

이런 해석이 지닌 문제는 문맥과 일치하지 않는다는 것이다.

이 구절을 읽을 때 예수께서 그 젊은 관원에게 그가 가진 것을 다 팔라고 하셨다는 데 주목하라. 하지만 그분은 그것을 전부 가난한 사람들에게 나눠 주라고는 말씀하지 않으셨다. 생각해 보라. 만일 그가 가진 전부를 팔아 다 주어 버렸다면, 그도 역시 가난해졌을 것이다. 그 다음 주에는 누군가 다른 사람이 그에게 주려고 전 재산을 팔아야 할지 모른다.

우리는 예수님이 하신 명령의 요점을 놓치고 있다. 그는 모든 것을 다 팔아 가난한 이들에게도 상당 부분을 나눠 줬어야 했다. 그렇다면 나머지는? 그는 자신의 가족을 돌봐야 했고, 그가 더 많은 상품을 팔 수 있도록 투자해서 그 이익으로 다시 가난한 이들을 도와야 했다. 그의 문제는 돈을 사랑한 것이 아니라 동정심의 부족이었다.

이런 자각은 판매원들에게 동기를 부여하게 된다. 예수께서는 당신이 소유한 모든 상품을 팔기 원하신다. 하지만 이익을 얻으면 가난한 자들에게 나눠 주어야 한다는 것을 기억하라.

이는 일종의 사업적 주기의 진행을 촉발한다.

- 한 제품에 투자한다.
- 더 많은 제품에 투자할 수 있도록 이익을 남기고 판다.
- 그렇게 하면, 가족들을 부양하고 곤궁한 이들도 돌볼 수 있다.

성경을 바라보는 새로운 시각과 함께, 일터 사역의 성장은 다양한 서적과 기타 자원들의 형성을 자극했다. 당신에게 나의 첫 번째 책 「왕의 사역」을, 다음에는 마커스 헤스터(Marcus Hester)의 「하나님의 요소」, 또 빌 헤이먼의 「성도들의 날」 그리고 에드 실보소의 「사업을 위한 기름부으심」을 구해서 읽어 보도록 권면한다. 능력 있는 일터 사역자들의 책을 예로 들면 다음과 같다.

- 린다 리오스 브룩의 「실리주의적 세상의 최전선에 선 그리스도인」(Frontline Christians in a Bottom-Line World)
- 거너 올슨의 「무한한 사업」
- 패트 길싱어의 「당신의 가정과 믿음, 일의 균형 잡기」

이런 자료들은 일터 사역자라는 새로운 부류를 대상으로 목회할 당신의 능력을 이끌어 낼 것이다. 당신의 습관도 다시 조정되어야 할 것이다. 좋아하는 신학적 주제는 잠시 밀어놓고 길게 나열된 그리스도인 일터 사역에 관한 서적들을 이것저것 살펴보라. 몇 가지 사업 잡지며 인기 사업 서적을 읽어서 자신을 확장시켜라.

또 지역이나 전국 단위의 일터 사역 컨퍼런스에 등록을 하라. 나 역시 한 달에 몇 번씩 이런 모임에서 강연을 하기 때문에 대부분의 경우 목사들이 특별히 잘 참석하지 않는다는 걸 잘 안다.

종종 목사들은 내게 인사하면서 이 도시에 온 것을 환영한다고 말하고는, 변명을 하며 그 주에는 너무 바빠서 참석할 수 없다고 말한다. 그들은 보통 이런 말을 덧붙인다. "하지만 이 세미나가 저한테는 해당되지 않는 것 같아요. 이건 직장인들을 위한 거잖습니까. 그 사람들을 초청해서 여기 참석하라고 했습니다. 원하시는 대로 마음껏 가르치세요." 그런 다음, 자신들은 일터 사역자들에게 보내는 메시지를 이해하지 못한 채 마냥 행복해 하며 그 자리를 떠난다.

사업계 사람들은 이 컨퍼런스가 목사의 일정에 우선순위를 두지 않았으며, 목사가 가장 최우선이 되는 것이 중요하지도 않음을 즉시 알아차린다. 하지만 그들은 그곳이 얼마나 목사가 참석해야 할 자리인지도 절실히 안다. 그들은 자신들이 일터에서 미치는 영향에 대한 메시지 듣기를 갈망해 왔다. 그들은 유력한 사람이 되고자 높은 기대감을 갖고 이 컨퍼런스에 왔다. 목사가 일찍 자리를 뜨거나 아예 나타나지 않으면, 기성 교회와 일터 사이의 틈은 더욱 벌어진다.

3. 경험이나 실제, 지식 면에서 훨씬 앞선 사람들에게 리더가 되는 것이 하룻밤 사이에 이루어지는 일이 아님을 이해하라.

수년 전에 나는 인도의 전설적인 평화주의자 마하트마 간디(Mahatma Gandhi)의 말 중에서 인용한 말을 들었다. "내 민족이 가는 곳이면, 나도 그들을 따라갈 것이다. 나는 그들의 지도자이기 때문이다." 오늘날 많은 목사들에게도 이 말을 적용할 수 있을 것이다. 하나님은 당신이 지도자가 되도록 부르셨고 당신도 말씀에 따르겠지만, 어떤 분야에서는 당신 자신을 겸손히 낮춰야 한다.

가르침을 잘 받아들이는 사람이 되도록 하라.

당신이 온전케 하도록 부름받은 그 사람들이 부득불 훨씬 앞서 가는 영역이 있다. 지금은 그들이 당신보다 훨씬 능력이 뛰어날지도 모른다. 하지만 당신이 계속 그 상태로 머물러 있을 필요는 없다. 당신의 회중들에게 다음과 같은 질문을 함으로써 자신을 준비하고 교육하라.

- 여러분이 제게 원하고 필요로 하는 것은 무엇입니까?
- 여러분이 더욱 온전히 준비되기 위해서 제가 알아야 할 것은 무엇입니까?
- 여러분이 직면하는 문제들 중에 제가 중점적으로 다뤄야 할 문제는 무엇입니까?

내가 1990년대 후반에 일터에 대해 가르치기 시작했을 때, 우리 교회 회중은 상당 부분 이 메시지를 즉시 받아들였다. 그들에게 이런 설교는 마치 하늘에서 내려오는 만나처럼 보였을 것이다. 그들의 흥분과 기대감은 내게 큰 격려가 되었다. 목회자라면 누구나 내 기분을 이해할 것이다. 그런 까닭에 나는 모든 전력을 다했다.

하지만 회중 가운데 가장 능력 있는 사업 지도자들 몇 사람은 여기에 상당히 반대했는데, 그것은 그들이 메시지에 공감하지 않아서가 아니었다. 그들은 또한 말이나 행동으로 반대하지도 않았다. 하지만 그들은 분명 변화에 따르는 것을 망설였다. 나는 이 소수의 영향력 있는 사람들이 이 기차가 철길을 따라 움직이는 데 도움이 될 거라고 기대했지만, 그들은 조금도 관심이 없어 보였다. 나는 그들이 지도자가 되리라 기대했지만, 오히려 그들은 거의 눈에 띄지 않았다. 내가 상황을 파악하는 데는 잠시 시간이 걸렸다.

온전한 준비를 위한 필요

나는 린다 리오스 브룩과의 대화에서 이런 사업가들의 꺼려하는 마음을 이해하게 되었다. 전직 텔레비전 회사의 중역인 그녀는 일터 사역에 대해 가르치며 이 분야에 대한 여러 권의 책을 저술했다. 최근에 저술한 책은 교회 지도자들에게 회중 가운데 사업가들이 계속 머물러 있기를 기대한다면, 그들의 재능을 활용할 방법을 빨리 배워야 한다고 경고한다.

린다와 나는 영적 지도자인 피터 와그너와 척 피어스 목사 그리고 오스 힐만(국제 일터 사역자 연합 이사)과 켄트 험프리(FCCI, 그리스도를 위한 국제 회사 조합 회장) 같은 사업가들과 함께 와그너 리더십 연구소(Wagner Leadership Institute)의 한 분과인 라이프웍스(Life-Works)라는 명칭의 컨퍼런스에서 연사로 일해 왔다. 2년 동안 우리는 여섯 번의 라이프웍스 세미나를 주재했고, 참석한 사람들로부터 좋은 평가를 받았으나, 우리가 기대한 군중들은 받아들이지 못했다.

우리는 깨닫지 못했지만, 문제는 우리의 마케팅 방법에서 비롯되었다. 우리는 와그너와 피어스가 그들의 수많은 컨퍼런스에서 채택했던 것과 동일한 홍보 방법을 사용했던 것이다. 그 말은 우리가 사업 세계를 연구해야 할 시점에 핵심 교회에 초점을 맞춰 우리의 목표 청중을 설정하고 있었다는 뜻이다.

어느 날 오후, 린다가 말했다. "리치, 당신도 알겠지만, 우린 라이프웍스를 홍보하는 방식을 바꿔야 해요. 우린 목사들에게 그들 교회의 사업가들을 컨퍼런스에 초청하도록 부탁하고 있잖아요. 하지만 목사가 '여기 사업 지도자에게 정말 좋은 컨퍼런스가 있습니다' 라고 사업 실무자에게 얘기한다고 해도 사업가는 이미 목사에게 자신의 인생이나 사업에서의 사역에 대한 지식이 전혀 없다는 걸 알고 있지요. 그러니 목사의 입장에서 이 컨퍼런스가 참석할 만한 가치가 있다고 생각한다 해도, 사업가는 이럴 거예요. '전 안 가겠습니다' 라고요."

빙고! 나는 갑자기 가장 능력 있는 일터 사역자들이 내 메시지에 열을 올리지 않았던 이유를 깨달았다. 그건 그들이 그 메시지에 동의하지 않아서가 아니었다. 그보다 그들은 자신들이 필요로 하는 것을 가져다줄 수 있을지에 대한 내 능력에 대해서 별로 확신이 없었던 것이다. 그들의 능력이 나보다 뛰어난 까닭에 그들은 멀찍이 물러나 앉아 지켜보며 기다렸다. 무의식중에 속으로 이렇게 말하면서 말이다. "이런 단계가 얼마나 오래 갈지 모르겠군. 다음 주제로 옮겨 가는 데 얼마나 오래 걸리려나?"

이제 내가 이 주제를 8년 이상 연구하고 조사하며 가르치고 나니, 바로 그 사업 지도자들이 이 운동을 위해 다시 모여들고 있다. 그들은 이제 일어나는 상황을 알고자 하며 내가 그들에게 전해야 할 내용에 더욱 민감하게 반응한다. 이제는 내가 그들을 준비시키기 전에 내가 준비되어야 했다는 것을 절실히 느낀다. 내가 오랫동안 이 일에 몸담았음을 나는 그들에게 증명해 보여야 했다.

목사들이여, 실제적인 수준에서 일터 사역자의 확신을 얻는 창의적인 방법이 있다. 만일 당신이 그들을 지도하려 한다면 이것은 꼭 필요한 부분이다. 내가 다시 핵심 교회의 목사가 된다면, 다르게 행할 부분은 이렇다.

1. 사업가들과 약속을 하면 바쁜 그들을 내 사무실로 오게 하는 대신 내가 일터로 갈 것이다. 그러면 그들이 얼마나 귀중한 존재인지 알려 줄 뿐 아니라 그들의 일상 환경에서 그들을 바라볼 수도 있다. 그리고 나는 더 많은 통찰력을 갖고 기도하며 더욱 실제적인 수준에서 그들을 가르칠 수 있다.

2. 우리 교인들이 일하는 다양한 일터에서 기도할 수 있게 계획을 세울 것이다. 그들이 혼자 와야 한다고 제한을 두지도 않을 것이다. 그들의 사업이 앞으로 일터에 미칠 영향을 위해 기도할 때 중보 기도자들과 예언자들을 청해서 그들도 함께 와서 하나님의 인도하심을 구하도록 권면할 것이다.

3. 핵심 교회와 공통적인 전문용어들을 바꿀 것이다.

4. 나는 핵심 교회와 확산된 교회의 결정적 차이점을 가르치겠다. 나는 목사, 교회 임원, 선교사에게만 적용되는 '전임 사

역'이라는 상투적인 단어는 버릴 것이다. 대신, 나는 모든 사람이 전임 사역자라는 것을 강조할 것이다. '예배'나 '교회 예배'라고 부르는 대신 나는 매주의 모임을 '준비 훈련 예배'라 부를 것이다. 이것이 더욱 정확하며 주님이 기대하시는 것과 일치한다. 이 새로운 용어는 이런 모임이 예배의 유일한 형태라거나 교회의 유일한 표현이 아님을 강조하는 데 도움이 될 것이다.

5. 매주 준비 훈련 예배 중 나는 정기적으로 사업체를 위해 기도하는 시간을 계획할 것이다. 회중의 규모와 도시의 구성에 따라서 기도하고, 주요 업체를 위해서도 기도하며, 회중 가운데 직원이 있는 몇몇 회사들을 위해서도 기도할 것이다. 이는 사람들의 일상생활 속의 사역에 초점을 두게 될 것이다. 또 회중과 도시에 우리가 그들의 사업에 대해 관심을 가진다는 메시지를 전달하게 될 것이다.

말을 돌보는 일

이 특별한 태생의 사역자를 훈련시키는 것은 당신이 부름받은 목사로 보통 하게 되는 익숙한 일과는 사뭇 다를 것이다. 린다 리오스 브룩은 그들을 '빨간 옷들'이라고 부른다. 다른 옷에 색깔이 번지는 '빨간 옷들'은 세탁 바구니에 따로 특별 취급해서 분리할 필요가 있을 것이다. 이 집단은 차이가 있으므로 다른 사람들처럼 대할 수 없다. 그들은 아주 독립적이고 자신감 넘치며 활동적인 모임이다. 그들은 모든 일에 대해 의견을 제시한다. 그들은 그런 견해를 바탕으로 행동한다. 당신이 망설이면 그들이 당신을 앞질러 지나갈 것이다.

FCCI에 몸담기 전, 수십 년간 사업에 종사했던 켄 험프리(Kent Humphreys)는 일터 사역자들을 지도하는 일을 '말을 돌보는 일'이라 말한다. 이것은 보통 임금 노동자인 교인들, 즉 '양'을 돌보는 일과는 상당히 다른 과정이다. 성경에서 말들은 자만심(신 17:16)과 두려움 없이 전투에 임하는 모습(욥 39:19-25)을 나타낸다. 말들은 또한 인간이 원하고 필요로 하는 것을 얻으려 최선을 다해 애쓰는 모습을 상징한다. 말들은 보살핌을 받거나 따라가는 일을 좋아하지 않는다.

하지만 말들은 훈련이 필요하다. 그리고 그들이 이것을 받아들일 때, 그들은 양들보다 훨씬 더 많은 일을 성취할 수 있다. 목사들이 인도하도록 부름받은 대상은 이 '빨간 옷들'이다.

이 도전적인 과업은 개인적인 신뢰와 이해의 관계를 구축할 필요가 있다. 그들을 당신의 친구로 삼고 그들에게 친구가 되어 주어라. 그들의 일터에 대한 소명을 지지하라. 당신이 그들을 존중하며, 그들의 일에 관심이 있으며, 그들을 위해 기도한다는 사실을 그들이 알게 하라.

패러다임 전환과 더불어 목회자들의 생각과 말, 행동 속에서 변화가 일어나야 한다.

1. 생각에 관련해서는 마음을 열고 새로운 사고방식을 받아들여라.

우리가 진행시켜 나갈 과제를 새로운 시각으로 바라보기만 해도 우리에겐 진전이 있을 것이다. 내 경우에 이것은 몇 단계에 걸

처 변화되는 것을 뜻한다.

- 교회 성장의 철학에서 일터 사역으로
- 단순한 일터 사역에서 일터에서의 교회 구축으로
- 일터의 교회에서 모든 영향력 분야의 사역으로
- 하나님 나라를 위한 관계 구축과 영향력 발휘를 위해 모든 영향력 분야의 사역에서 비그리스도인에 대한 사역으로 이동하기

이런 새로운 방식의 사고 국면을 통해 하나님은 내가 하나님 나라의 실제를 예시하는 사업 모형을 개발하도록 인도하셨다. 그렇게 해서 나는 성경적 근거와 인격 중심의 훈련을 일터에 도입하라는 아이디어를 받았다. 하지만 이런 핵심적 관계를 발전시키기 위해서는 비종교적 용어를 사용할 필요가 있음을 알았다(기성 교회 상황에서 이를 실현하려고 노력하는 상상을 해 보라). 하나님 나라 건설을 향해 내 관점이 계속 변화하면서, 나는 우리가 도시와 국가를 변화시킬 목적으로 기독교 공동체와 일터에서 지도자를 훈련시킬 수 있음을 깨달았다.

2. 우리의 말은 우리의 새로운 사고 과정과 일치해야 한다.

우리는 사회의 모든 분야에서 변화에 대해 말해야 한다. 우리가 이야기하면, 일은 발생하게 될 것이다. 즉, 우리의 행동이 뒤따른다면 말이다. 여기 내가 모든 목사들에게 권면하고 싶은 몇 가지가 있다.

- 기도하고 배우려는 목적으로 사업체에 가라.
- 가서 듣고 배우라. 일터 사역자들은 당신에게 많은 것을 가르쳐 줄 것이다.
- 자신을 겸손히 낮춰라. 당신이 온전케 하는 일을 잘하지 못했음을 인정하고 당신의 회중들에게 당신이 발전하리라는 확신을 준다.
- 회개하고 변화하라.
- 당신의 회원들이 일터에서 사역자가 되도록 준비시키는 과정을 신중하게 시작하라.

목사들을 상당히 잘 아는 까닭에 나는 이 책을 읽는 사람 중 몇 사람은 오늘이라도 출발해서 달릴 준비가 되어 있음을 안다. 당신은 이 주제에 대한 시리즈 설교를 계획하면서 다음 몇 주 안에 어떻게든 이 계획을 완성시킬 거라고 믿는다. 그러나 틀렸다! 당신은 새로운 형태의 사역을 요구하는 생활방식의 변화에 들어서는 중이다. 효력은 즉각 나타나지 않는다. 제 아무리 설교 몇 편이 빈틈없고 감동적이더라도 그것으로 이 과업이 완성되지는 않는다.

당신의 설교만으로는 하나님이 당신에게 원하시는 훈련의 사역을 달성할 수 없다. 바울 사도는 빌립보 교회에 말하면서, "너희는 내게 배우고 받고 듣고 본 바를 행하라…"(빌 4:9)고 했다. 바울이 따랐던 형태는 이렇다.

- 먼저 그는 사람들을 가르쳤다.
- 그리고 그는 그들이 이를 받았으며, 그저 앉아서 그의 말을 한쪽 귀로 듣고 한쪽 귀로 흘리면서 들었던 것이 아니라 그의 메시지의 핵심을 이해했는지를 확인했다.
- 덧붙여 바울은 그들이 그의 말을 귀담아 들었는지, 즉 그들이 그가 말한 것을 들을 뿐 아니라 이를 내면화하고 그의 말에 따라 행동하려 하는지 확인하고자 했다.
- 바울은 또한 그들이 행함으로 그의 말에 순종하는지 확인했다. 그의 가르침은 단순한 강의가 아니라 실제 행동을 포함했다. 그는 생활방식의 모범을 보였다. 이는 훈련 과정의 일부가 되어야 한다.

모범을 세우는 것은 극히 중요하다. 현명한 목사는 다윗 왕이 그를 불러 솔로몬에게 기름부어 왕으로 세우라고 지시했던 제사장 사독의 생활방식을 기억할 것이다. 사독은 거룩함으로 잘 알려진 제사장 계열의 선두가 되었다. 에스겔 44장에서 선지자는 하나님을 떠나 방황하며 불법을 저지른 한 무리의 제사장에게 말한다. 비록 하나님께서는 여전히 그들이 성전 봉사를 계속하고 희생을 드리며 백성들 앞에 서게 하셨지만, 그들의 불순종은 비싼 대가를 치렀다.

에스겔은 이렇게 설명한다. "내게 가까이 나아와 제사장의 직분을 행치 못하게 하며 또 내 성물 곧 지성물에 가까이 오지 못하게 하리니 그들이 자기의 수욕과 그 행한바 가증한 일을 담당하리라"(겔 44:13).

같은 장 뒷부분에서 에스겔은 사독의 자손들만이 여호와 앞에 서게 될 것이라고 계시한다.

"이스라엘 족속이 그릇하여 나를 떠날 때에 사독의 자손 레위 사람 제사장들은 내 성소의 직분을 지켰은즉 그들은 내게 가까이 나아와 수종을 들되 내 앞에 서서 기름과 피를 내게 드릴찌니라 나 주 여호와의 말이니라 그들이 내 성소에 들어오며 또 내 상에 가까이 나아와 내게 수종들어 나의 맡긴 직분을 지키되 그들이 안 뜰 문에 들어올 때에나 안 뜰 문과 전 안에서 수종들 때에는 양털 옷을 입지 말고 가는 베 옷을 입을 것이니"(겔 44:15-17).

주님 앞에서 봉사하는 자들에게 요구되는 최고의 특질은 거룩함이다. 그리고 일터 지도자들을 훈련하는 데 가장 필요한 것은 거룩한 삶을 본받는 것이다. 그러므로 목사들이여, 시리즈 설교를 하거나 어떤 활동 계획을 실행하려는 시도를 하기 전에, 즉 실제로 무슨 일이든 행하기 전에 하나님 앞에 무릎 꿇고 그분의 인도를 구하라. 당신이 일터 사역자들을 온전히 훈련시키지 못한데 대해 주님께 용서를 구하라. 새로운 방식의 사역을 따르겠다고 그분께 헌신하라.

목사들이여, 나는 하나님께서 당신을 위대한 일로 쓰실 수 있음을 안다. 땅이 흔들리는 변화가 교회에 다가온다는 것은 그분이 교회를 잊으신다거나 그분이 당신에게서 등을 돌린다는 뜻이 아니기 때문이다. 당신이 사역을 위해 평신도들을 준비시킨다면, 당신의 도시에 변화가 일어날 것이라고 나는 확신한다. 도덕적 부패, 테러, 분열된 가정으로 인해 세상에 퍼져 나가는 두려움은 앞으로 다가올 대 각성을 위한 무대가 준비되었다는 또 다른 징조다. 그분의 사역이 폭발적으로 일어날 일터에서 하나님과 연합하여 이 일을 준비하라.

각주

1장

1. Henry Fraser, Barbados Daily Nation(online), Nov. 28, 2004.
2. "Sol to form regional-based oil business," The Barbados Advocate(online), Nov. 8, 2004.

2장

1. Ed Silvoso, 사업을 위한 기름부으심, 순전한 나드, 2004.
2. "The Orlando Statement", Ministries Today magazine, Mar-Apr 2004, 63.
3. Letter to the editor, Charisma magazine, April 2004, 11.
4. C. Peter Wagner, Apostles and Prophets(Ventura, CA: Regal Books, 2000) 55.
5. Ministries Today, Mar-Apr 2004, 63.

3장

1. Bethany McLean and Peter Elkind, The Smartest Guys in the Room(New York: The Penguin Group, 2003) 38.
2. Rich Marshall, 왕의 사역, 서로사랑, 2005.
3. Adam Clarke's Commentary는 1826년에 발표되었지만 공개적으로 사용할 수 있다. 본문 내용은 Bible Explorer(WORDsearch Corp., 1991)에서 참조한 것이다.
4. David Cartledge, The Apostolic Revolution(Chester Hill, NSW, Australia: Paraclete Institute, 2000) 265-266.
5. Dr. Marcus Hester, The God Factor(Shippensburg, PA: Treasure House, division of Destiny Image Publishers, 2003) 173-175.

4장

1. Smith Wigglesworth, Smith Wigglesworth on the Holy Spirit(New Kensington, PA: Whitaker House, 1998) 9.

5장

1. J. Gunnar Olson, Business Unlimited(Orebro, Sweden: International Christian Chamber of Commerce, 2002) 12.
2. Ibid, 13.
3. Craig Hill and Earl Pitts, 그리스도인의 재정 원칙, 예수전도단, 2004.
4. Ibid.

6장

1. "The Boss With a Big Heart", Charisma, February 2004, 61.
2. Ibid.
3. Jerome Edmondson, Maximizing Misfortune: Turning Life's Failures Into Success(Shippensburg, PA: Destiny Image Publishers, 2003) 21.
4. Ibid, 45.

7장

1. Linda Rios Brook, Wake Me When It's Over(Baltimore, MD: America House Book Publishers, 2001) 34.
2. Ibid, 166.
3. Ibid, 140.
4. Ibid, 148-149.

11장

1. Rick Seeburger, Dynamics of a Marketplace Church(El Paso, TX.: BFCI Learning Systems, Ltd., 2003) 3-4, used by permission.
2. Ibid, 8.
3. Pat Gelsinger, Balancing Your Family, Faith & Work(Colorado Springs, CO: Life Journey, an imprint of Cook Communications Ministries, 2003) 126.
4. Ibid, 138-139.

12장

1. 버지니아 역사 학회장인 Charles F. Bryan, Jr.가 쓴 "Civil War Split: Generals Made Hard Choices"에서 발췌, 출처: www.vahistorical.org/news/generals.htm, 허락 하에 게재.
2. Robert K. Greenleaf, 리더는 머슴이다, 참솔, 2001.
3. Ken Blanchard and Phil Hodges, 섬기는 리더 예수, 21세기북스, 2004.
4. Ken Blanchard and Spencer Johnson, 1분 경영, 21세기북스, 2003.
5. 켄터키 주 루이빌의 사우스이스트 크리스천 교회에서 열린 "예수처럼 인도하라" 세미나에서 이 책의 공저자 Ken Walker가 작성한 메모에서 발췌, 2004년 11월 18일.
6. Ibid.
7. Dennis Bakke, Joy at Work(Seattle, WA: Pearson Venture Group, 2005) 28.